CALLWEY

JANE CUMBERBATCH

Einfach schön wohnen

Wohnideen zum Selbermachen

Einfach schön wohnen

Wohnideen zum Selbermachen

Jane Cumberbatch

FOTOS VON JENNY ZARINS

ILLUSTRATIONEN VON KATE STORER

CALLWEY

Für Alastair, Tom,
Georgie und Gracie

Die Originalausgabe erschien 2005 unter dem Titel
Decorating Easy bei Quadrille Publishing Ltd, Alhambra
House, 27–31 Charing Cross Road, London WC2H 0LS

Die Deutsche Bibliothek verzeichnet diese Publikation in der
Deutschen Nationalbibliografie; detaillierte bibliografische Daten sind
im Internet über <http://dnb.ddb.de> abrufbar.

ISBN 10: 3-7667-1670-0
ISBN 13: 978-3-7667-1670-5

Gestaltung Lawrence Morton
Fotografie Jenny Zarins
Illustrationen Kate Storer

Umschlaggestaltung: add cooperation, Schmid/Beisenherz Mediendesign
Fotos Schutzumschlag: Jenny Zarins
Übersetzung aus dem Englischen: Dörte Fuchs und Jutta Orth, Freiburg i. Br.
Redaktion und Satz der deutschen Ausgabe:
Delius Producing München mit Janette Schroeder, München

Printed in Singapore 2006

Inhalt

TEIL 1

Wohn-Weisheiten

Natürlich und lässig

VERWANDELN SIE IHR ZUHAUSE MIT EINFACHEN MITTELN UND KLEINEN VERÄNDERUNGEN IN EINE OASE DER ENTSPANNUNG – LASSEN SIE DEN ALLTAG HINTER SICH.

Einfach schön wohnen zeigt Ihnen, wie Sie Ihr Haus oder Ihre Wohnung behaglich und modern einrichten können, ohne gleich ein Vermögen dafür auszugeben. Meine Ideen helfen Ihnen dabei, Ihre Räume auch mit kleinem Budget stilvoll und funktionell umzugestalten. *Einfach schön wohnen* ist kein Wegweiser zur Vorzeigewohnung wie aus dem Lifestyle-Magazin. Dieses Buch bleibt auf dem Boden der Tatsachen. Ich fühle mich dem wirklichen Leben mit all seinen Unvollkommenheiten verpflichtet, und nicht dem Wunsch nach einem perfekt gestylten Interieur aus teuren Designerstücken.

Einfach schön wohnen gibt Ihnen Ideen, mit denen Sie das Beste aus dem machen können, was Sie schon haben. Ich möchte Sie zu Erfindungsreichtum und auch zu umweltbewusstem Denken anstiften und Sie ermutigen, sich von Überflüssigem zu trennen. Ich zeige Ihnen Möglichkeiten, wie Sie durch Flexibiliät und kluge Planung Ihrem Ziel, schöner zu wohnen, Schritt für Stück näher kommen.

Einfach schön wohnen:

- **Setzen Sie Prioritäten: aufwändige Arbeiten zuerst erledigen (lassen), z. B. Elekto- und Installationsarbeiten.**
- **Machen Sie so viel wie möglich selbst.**
- **Hauchen Sie mit Ihrer Lieblingsfarbe einer farblosen Einrichtung neues Leben ein.**
- **Hängen Sie Ihr Herz nicht an ultramoderne Küchen, trendige Sofas usw. (denken Sie an Ihr Konto!); schlichte Möbel können genauso schön sein.**
- **Dinge wie Kerzen, Schalen, gute Besen usw. gibt es in ganz normalen Läden – preiswert, funktionell, aber trotzdem schön.**
- **Warten Sie auf den Ausverkauf, um kostspielige Schätzchen zu erstehen, die das Leben verschönern, wie Kaschmirüberwürfe oder richtig gute Pfannen.**
- **Machen Sie nicht alles auf einmal (Stichwort Budget): Beginnen Sie mit zwei oder drei Zimmern und entwickeln Sie Ihren Stil, bevor Sie alle Räume umgestalten.**
- **Trennen Sie sich von Überflüssigem: Verkaufen oder verschenken Sie, was Ihnen nicht mehr gefällt.**
- **Frischen Sie ein paar ältere Sachen auf. Verpassen Sie dem Tisch einen neuen Anstrich oder gönnen Sie dem verblassten Lehnstuhl einen knallfarbigen Überwurf.**
- **Beschränken Sie sich auf die Einrichtungsgegenstände, an denen Sie wirklich Freude haben.**

Flower-Power

Blumen verleihen jedem Raum sofort Lebendigkeit, Farbe und Wohlgerüche. Ich mag am liebsten Sträuße, die aus einer Sorte Blumen bestehen. Hübsch und natürlich wirken aber auch bunte Arrangements, etwa aus Rosen, limonengrünem Frauenmantel und Kräutern. Für ein Gartenfest arrangiere ich auch gerne üppige Blüten, wie die von Rosen oder Pfingstrosen, die ich dann in schlichten Gefäßen auf den Tisch stelle. In jeder Jahreszeit gibt es für mich ein paar Favoriten:

Frühling	Goldlack, Papageientulpen, weiße und gelbe Narzissen, Weidenkätzchen, knospende Zweige
Sommer	Agapanthus, Gartenrosen, Kapuzinerkresse, Kornblumen, Kräuter, Lavendel, Pfingstrosen, Rosmarin, Sonnenblumen, Zierlauch
Herbst	Anemonen, Hortensien, Zierkohl, Zinnien
Winter	vorgetriebene Blumenzwiebeln in Körben und Töpfen, die mit Moos ausgelegt sind: Amaryllis, Hyazinthen, Narzissen; immergrüne Zweige aus dem Garten, zu einem schlichten weihnachtlichen Türkranz gewunden

Ein Ort zum Leben

SEIEN SIE NICHT ZU PERFEKTIONISTISCH. VIELE STIL-BIBELN IGNORIEREN OFT DAS WICHTIGSTE: »ZU HAUSE SEIN« BEDEUTET, SICH DORT EINFACH WOHL ZU FÜHLEN.

Locker bleiben

Wer möchte nicht, dass die eigenen vier Wände entspannend und einladend wirken, statt ungemütlich und steril? Ein eleganter Kolonialstil mit viel weißem und cremefarbenem Leinen mag ja angesagt sein, aber was ist, wenn Sie versehentlich Ihren Kaffee darauf verschütten oder die Kinder auf dem empfindlichen Sofa ein Nest fürs Kaninchen bauen? Ist es wirklich wichtig, dass die Bettwäsche gebügelt, der Tisch auf Hochglanz poliert und die Betten mit militärischer Präzision gemacht sind?

Kaufen Sie strapazierfähige Stoffe wie Segeltuch oder Matratzenstoff, die Sie in der Maschine waschen können. Auch meine weißen Baumwollüberwürfe ziehen Dreckpfoten geradezu magnetisch an, aber nach der heißen Wäsche sehen sie wieder aus wie neu. Auch Wandfarben sollten abwaschbar sein. Und wenn Sie sich erst von überflüssigen Habseligkeiten getrennt haben, wirkt Ihr Zuhause fast von selbst sauber und ordentlich.

Lassen Sie Licht und Wärme herein

Tageslicht ist durch nichts zu ersetzen. Lichtdurchflutete Räume wirken frisch und luftig. Fensterputzen gehört zu den wenigen Arbeiten, die Sie sich am besten regelmäßig vornehmen.

Sanftes Lampen- oder Kerzenlicht lässt Sie abends zur Ruhe kommen und kann aus der einfachsten Mahlzeit eine sinnliche Erfahrung machen. Nackte Glühlampen an der Decke sind tabu.

Sorgen Sie für eine gute Isolierung und funktionierende Heizkörper, damit Sie es auch im Winter warm und gemütlich haben, oder entfachen Sie ein prasselndes Feuer im Kamin.

Wohlfühlfaktoren

Natürliche Materialien sehen gut aus und fühlen sich angenehm an. Wählen Sie gezielt kuschelige Wolldecken, flauschige Baumwollhandtücher und frische Baumwollbettwäsche. Glänzende Satinstoffe passen eher ins Rotlichtmilieu, und Synthetiks laden sich statisch auf.

Für Oberflächen gilt: Pflegeleichte, langlebige Arbeitsplatten aus Holz, gewachste Dielen, seidenmatte Anstriche und Küchengeräte aus rostfreiem Stahl sind einfach angenehmer als Kunststoffe.

Robuste aber bequeme Polstermöbel laden zum Hineinsinken ein. Zwischen üppigen, weichen Kissen können Sie relaxen.

Angenehmer Duft

Gerüche beeinflussen uns darin, wie wir Dinge wahrnehmen und bewerten: Wenn Sie jemandem zwei Dosen mit der gleichen Möbelpolitur unter die Nase halten, von denen eine angenehm duftet, wird er schwören, die wohlriechende Politur sei besser. Deshalb parfümieren Hersteller alle nur erdenklichen Produkte mit künstlichen Aromen; es gibt sogar Waschmittel, die Ihren Slips einen »tropischen Duft« verleihen sollen. Fragt sich nur, ob Raumsprays mit dem Aufdruck »Waldfrische« uns wirklich verzaubern. Werfen Sie solches Zeug besser – natürlich ökologisch sortiert – in den Müll und geben Sie natürlichen Aromen eine Chance. Lassen Sie den Duft von selbst gebackenem Kuchen, von frischem Toast oder mit Bienenwachs polierten Dielen, von Duftkerzen oder ätherischen Ölen durch Ihre Räume wehen.

Ein Nest bauen

MIT FLEXIBLEM DENKEN KÖNNEN SIE IHREN TRAUM VON EINEM PRAKTISCHEN UND GEMÜTLICHEN ZUHAUSE SPIELEND LEICHT WIRKLICHKEIT WERDEN LASSEN.

Wurzeln schlagen

In den so genannten In-Vierteln sind die Mieten und Immobilienpreise meistens astronomisch hoch. Es lohnt sich also, in einem weniger angesagten Stadtteil nach einer Wohnung zu suchen. Zwar finden manche Leute, eine zentrale Stadtlage sei das einzig Wahre, trotzdem habe ich eine schicke Bude in der City gerne gegen ein geräumiges Vorstadthaus mit Garten eingetauscht.

Wenn Sie schon wissen, wo Sie Wurzeln schlagen wollen, besichtigen Sie möglichst viele Angebote, um herauszufinden, welche Art von Wohnung oder Haus für Sie richtig ist und was Sie für Ihr Geld bekommen können. Werden in der Gegend Ihrer Wahl kaum Objekte über die Zeitung angeboten, könnten Sie Wohnungsgesuche in die Briefkästen der Anwohner werfen – vielleicht haben Sie Glück und sparen auch noch die Maklergebühr!

Flexibel bleiben

Sie träumen von einem rosenumrankten Landhaus? Lassen Sie die Finger von einem Gebäude, das von Grund auf renoviert werden muss. Häuser aus den 60er-Jahren sind oft ohnehin größer, heller und in besserem Zustand. Von dem gesparten Geld können Sie sich dann vielleicht sogar noch eine romantische Hütte auf dem Land leisten. Machen Sie einen Bogen um alles, was hellhörig, schlecht isoliert und drittklassig ausgestattet ist. Ziehen Sie lieber einen Sachverständigen zurate, wenn Sie sich nicht sicher sind.

Haben Sie ein Objekt gefunden, das Ihnen zusagt, dann sehen Sie es sich zu den unterschiedlichsten Tageszeiten an. Nur so finden Sie heraus, wie das Licht sich verändert, ob die ruhige Straße sich zu den Hauptverkehrszeiten vielleicht in eine Autobahn verwandelt oder ob Ihre künftigen Nachbarn die Nächte durchzufeiern pflegen.

Nachdenken

Vielleicht beschließen Sie ja auch, doch zu bleiben, wo Sie sind und Ihr jetziges Zuhause zu verschönern. In dem Fall nehmen Sie zunächst größere Aufgaben wie die Modernisierung von Küche, Bad oder Heizung in Angriff. So erhöht sich die Wohnqualität schon gehörig, und einen Teil der Kosten können Sie vielleicht sogar an den Nachmieter oder nächsten Käufer weitergeben.

Hilfskräfte anheuern

Anstreichen, das Anbringen von Regalen oder die Montage von Selbstbaumöbeln sind Arbeiten, die Sie gut selbst erledigen können. Zu den meisten Heimwerkertechniken finden Sie in Baumärkten Anleitungen, die Schritt für Schritt das richtige Vorgehen erklären. Für die Kostenkalkulation überlegen Sie zuerst, welche Arbeiten Sie Fachleuten überlassen müssen, z. B. Elektro- und Sanitärinstallationen, die Reparatur der Gasheizung oder die Entsorgung asbesthaltiger Materialien.

Geben Sie den Handwerkern exakte Anweisungen, so behalten Sie den Fortschritt der Arbeiten und Ihre Ausgaben im Blick. Fixieren Sie alle Vereinbarungen schriftlich und kontrollieren Sie die Ausführung.

Die besten Handwerker findet man durch Mundpropaganda: Besichtigen Sie Referenzobjekte und fragen Sie die Auftraggeber, ob alles pünktlich und zum vereinbarten Preis erledigt wurde. Holen Sie immer mehrere Kostenvoranschläge ein. Zahlen Sie nie im Voraus, sondern stets nach Arbeitsfortschritt. Vereinbaren Sie einen Zeitplan mit etwas Puffer für Unwägbarkeiten wie schlechtes Wetter, verborgene Mängel der Bausubstanz oder Lieferverzögerungen. Ihr Budget sollte einen Spielraum von etwa zehn Prozent enthalten.

Behandeln Sie die Handwerker mit Respekt und seien Sie freundlich zu ihnen – und verschonen Sie sie mit Gefühlsausbrüchen oder plötzlichen Meinungsänderungen. Das sind die besten Voraussetzungen für einen guten Arbeitsablauf.

Goldene Regeln

* Führen Sie Außenarbeiten wie Dachdecken, Verputzen oder Fassadenanstriche am besten im Sommer durch. Für alle Gartenarbeiten ist das Frühjahr optimal, wenn der Boden nicht mehr gefroren, aber auch noch nicht zu trocken ist.
* Ziehen Sie alte Klamotten an oder kaufen Sie sich einen Maleroverall.
* Decken Sie bei Maler- und Schleifarbeiten die Böden und Möbel mit Folie ab.
* Kleben Sie Bereiche, die nicht gestrichen werden sollen, mit Klebeband ab.
* Während die Küche renoviert wird, leisten Campingkocher und Mikrowelle gute Dienste. Sichern Sie sich aber den Zugang zu wenigstens einem Wasserhahn.
* Bewirten Sie die Handwerker. Wer sich umsorgt fühlt, arbeitet besser.
* Leihen Sie sich im Baumarkt einen Industriestaubsauger. Gips und Sägespänen ist kein Haushaltsstaubsauger gewachsen.
* Bauschutt und fast leere Farbeimer gehören nicht in den Hausmüll. Bringen Sie sie zu einem Wertstoffhof in Ihrer Nähe oder bestellen Sie ein Entsorgungsunternehmen. Dort können Sie auch Container für Bauschutt mieten. Unter Umständen müssen Sie dafür eine Standplatzgenehmigung von der Gemeinde einholen.

Ideen und Muster sammeln

BRINGEN SIE IHRE VORSTELLUNGEN AUF DEN PUNKT: AUF EINER GROSSEN PINNWAND AUS FESTEM WEISSEM KARTON. SAMMELN SIE FARB-, MATERIAL UND STOFFPROBEN UND STELLEN SIE SIE NACH WOHNBEREICHEN UND STIMMUNGEN ZUSAMMEN.

Stoff Mit leuchtenden Stoffen setzen Sie Akzente auf weißem, lavendelblauem oder grauem Segeltuch. Ich habe ein Faible für Kissen und Rollos aus fuchsiafarbenem Baumwollsamt, pinkfarbenem Musselin und limonengrünen Karostoffen.

1. **Cremefarbener Kattun** Ein vielseitiger Stoff, den es in unterschiedlicher Stärke gibt. Nehmen Sie für Hussen und Kissen die schwerste Qualität. Größere Mengen kaufen Sie am besten gleich im Großhandel. Vor dem Nähen unbedingt waschen!

2. **Karierte Baumwollstoffe** Schlicht und schön. Machen sich gut als Husse, Kissen, einfacher Vorhang und Lampenschirm. Und eine Küchenschürze aus Gingham-Stoff sieht einfach cool aus (siehe S. 130–131).

3. **Geblümte Baumwollstoffe** Gibt es etwas Schöneres als fantasievolle, farbenfrohe Blumendrucke auf hochwertiger Baumwolle? Stoffe in guter Qualität sind nicht ganz billig, eignen sich aber ideal für Kissen und fließende Vorhänge.

4. **Getupfte Baumwollstoffe** Tupfen passen zum Retro-Look und sind – wie Streifen und Karos – ebenso klassisch wie praktisch. Schön für Kissen, Schürzen, als Auskleidung für Körbe und sogar für einen frechen Bikini (siehe S. 140–141).

5. **Gestreifte Matratzenstoffe** Für den Außenbereich nehme ich Matratzenstoff mit breiten Streifen, z. B. für Liegestühle, Sonnensegel, Windschutz usw.; feiner gewebte Stoffe verwende ich für schicke Vorhänge (siehe S. 146–147) und Hussen.

Applikationen, Bänder und Schleifen Sammeln Sie Bänder und Litzen; damit lassen sich Kissen, Lampenschirme und Laken verzieren. Oder stellen Sie daraus Verschlüsse für Kissenbezüge, hübsche Taschen und andere Accessoires her.

Tapeten Nur Mut! Geometrische oder florale Muster sind ausdrucksstark und besonders schön, wenn man sie nur an einer Wand einsetzt – dann wird's auch nicht zu teuer. Ländliche Blumendrucke mag ich besonders (siehe S. 44–45 und 68–69).

Farben Glatte Anstriche mit matten Dispersions- und Lackfarben wirken natürlich. Weiße Dispersionsfarbe ist sehr anpassungsfähig, für alle Räume geeignet und eine preiswerte Möglichkeit, Ihre vier Wände zum Strahlen zu bringen.

Ich verwende gerne Minzgrün, blasses Lavendelblau und Pastelltöne als ruhige und natürliche Hintergrundfarben. Mit bunten Kissen, Blumen und anderen Details setze ich kräftige Farbakzente.

Wenn Sie nicht gerade in tropischen Regionen leben, sollten Sie grelle Farbtöne wie Pink, Blau und Orange sparsam einsetzen. Trotzdem kann eine Kommode mit kornblumenblauen Konturen (siehe S. 136–137) oder ein Arbeitsplatz mit fröhlichen pinkfarbenen Streifen (siehe S. 118–119) wunderbar aussehen. Wählen Sie, klare, leuchtende Töne, nicht die allgegenwärtigen Neonfarben, die so oft für diverse Kunststoffprodukte, z. B. für Küchengerätschaften, verwendet werden.

geblümter Baumwollstoff
Himbeerrot
Blumendrucke
Blassblau
Taubenblau
Kornblume
Beige
Perlgrau
Blaugrün
Reinweiß
blau-weiße Streifen
Bänder und Borten

Planen und skizzieren

BRINGEN SIE IHRE IDEEN ZU PAPIER. EINE BUNTE SKIZZE GIBT IHNEN EIN GEFÜHL FÜR DIE FARBEN UND STOFFE, DIE SIE EINSETZEN WOLLEN. BEI DER ENTSCHEIDUNG, WAS AN WELCHEN PLATZ SOLL, HILFT MASSSTABSGERECHTE RAUMPLANUNG.

Verwenden Sie für den Grundriss Millimeterpapier, dann können Sie sogar Steckdosen und Leitungsverläufe exakt einzeichnen und sehen, ob alles passt. Sie brauchen kein großes Zeichentalent, um eine solche Skizze zu machen. Für die Umrisse nehmen Sie einen Bleistift – Fehler werden dann einfach ausradiert – und zum Ausmalen Wasserfarben oder Buntstifte. Zum Schluss können Sie die Konturen kräftiger nachziehen.

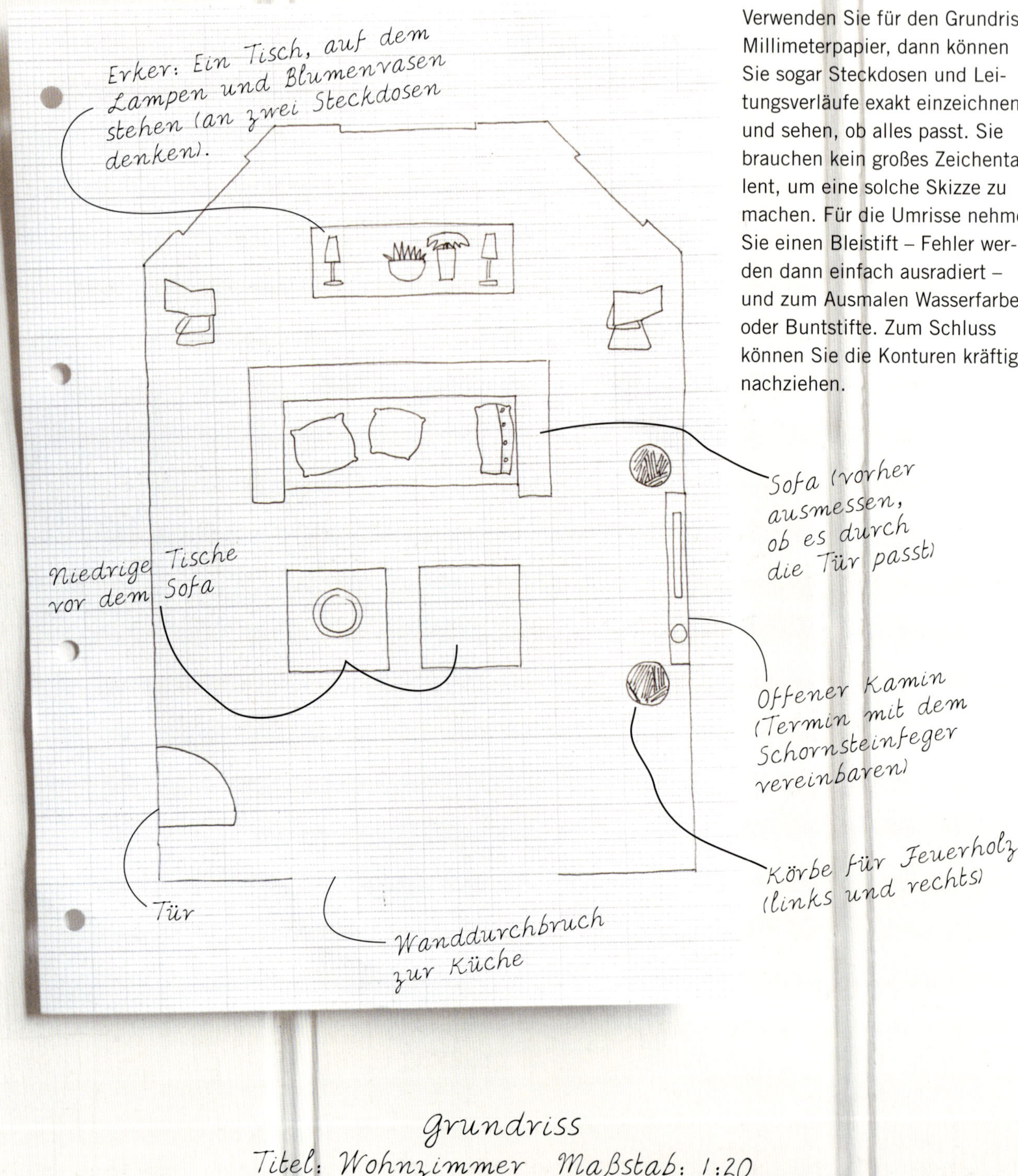

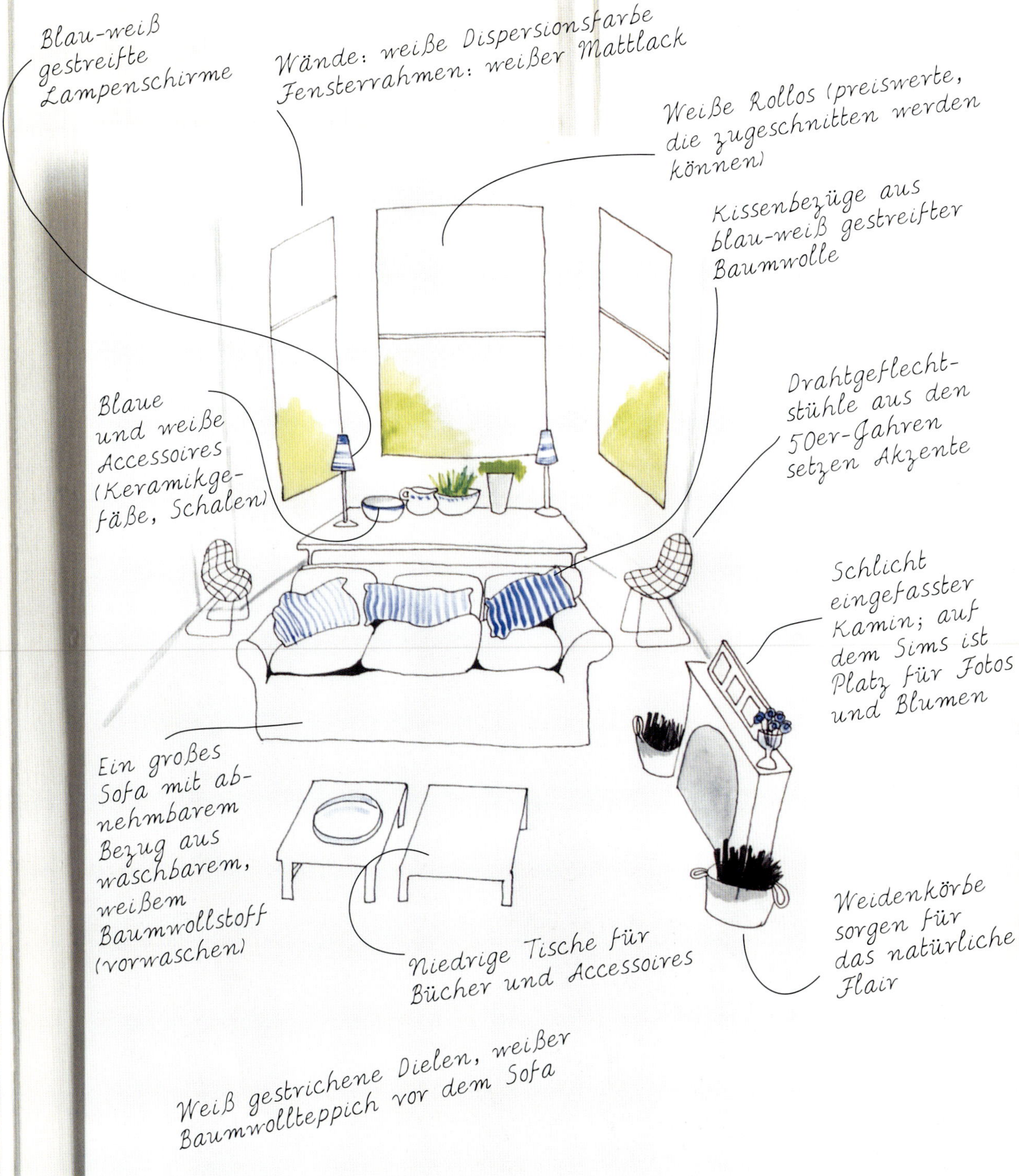

Skizze

Einfache Planskizze: blauweißes Wohnzimmer – frisch, hell, modern

Die zehn wichtigsten Werkzeuge

DAMIT IHRE DO-IT-YOURSELF-ARBEITEN GELINGEN, KOMMT ES AUF DAS RICHTIGE WERKZEUG AN. NATÜRLICH BESITZT JEDER HEIMWERKER, DER ETWAS AUF SICH HÄLT, EIN GRÖSSERES SORTIMENT NÜTZLICHER WERKZEUGE; DIESE ZEHN WERKZEUGE GEHÖREN ABER AUF JEDEN FALL ZUR GRUNDAUSSTATTUNG. DAMIT BEWÄLTIGEN SIE DIE MEISTEN ARBEITEN, DIE BEIM RENOVIEREN UND EINRICHTEN ANFALLEN.

1 **Werkzeugkasten**
Sie brauchen eine Aufbewahrungsmöglichkeit für das Werkzeug, um alles übersichtlich und griffbereit zu haben. Ich benutze eine einfache Kunststoffbox mit Klickverschluss. Unter dem Einsatz für Nägel, Schrauben und andere Kleinteile ist Platz für größere Werkzeuge wie Hammer und Schraubendreher.

2 **Scharfe Schere**
Zum Schneiden von Tapeten, Schnüren usw.

3 **Bandmaß**
In der Regel reichen 25 Meter.

4 **Terpentinersatz**
Zum Reinigen von Pinseln, wenn Sie Kunstharzlacke verwenden.

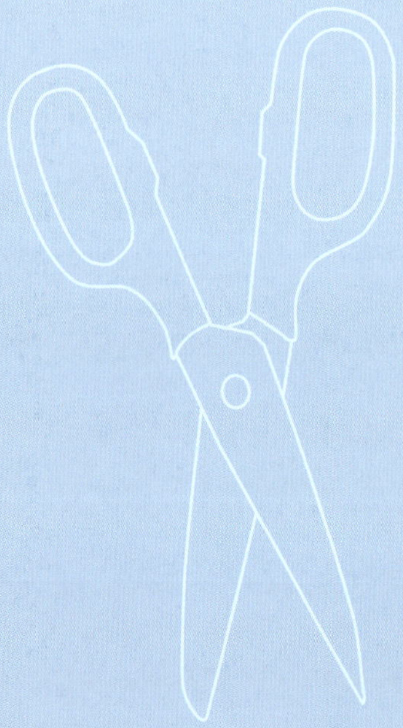

5 **Pinsel**
Ein Vierer-Set in folgenden Breiten genügt für die meisten Arbeiten: 10 cm für Dispersionsfarbe, 5 cm und 2,5 cm für Lacke, 1,2 cm für Fensterrahmen und Linien.

6 **Farbrolle**
Zum Streichen von Wänden und Decken. Schaumstoffrollen sind billiger, spritzen aber mehr als Rollen aus Lammwolle oder Mohair.

7 **Wasserwaage**
Damit alles ins Lot kommt.

8 **Schleifpapier und -block**
In unterschiedlichen Körnungen zum Glätten oder Anschleifen von Oberflächen.

9 **Bleistift**
Für Markierungen auf Wänden und anderen Oberflächen eignet sich die Härte HB am besten.

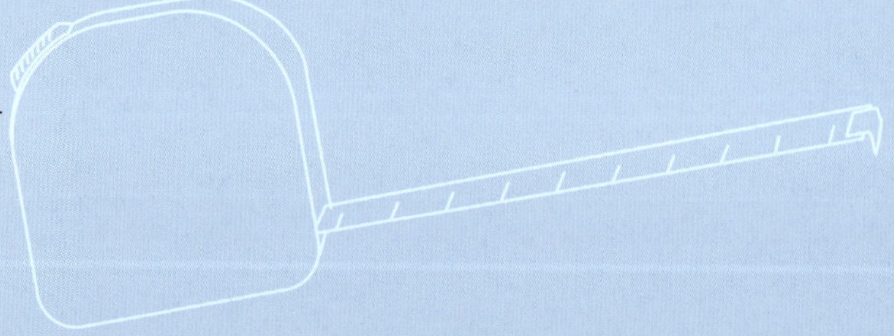

10 **Spachtelmasse**
Zum Glätten löchriger Wände nehmen Sie Spachtelmasse für Holz und Putz.

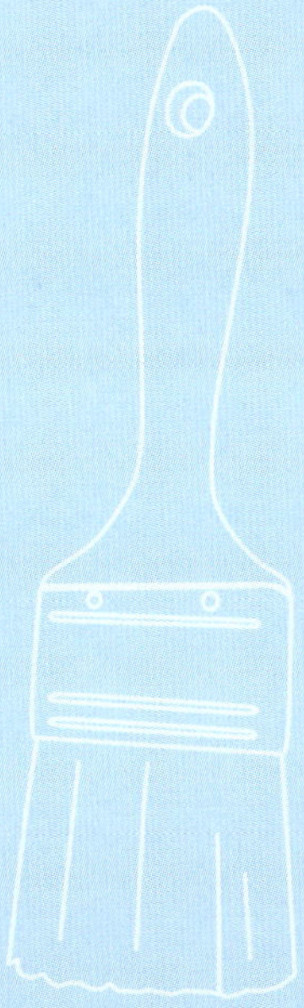

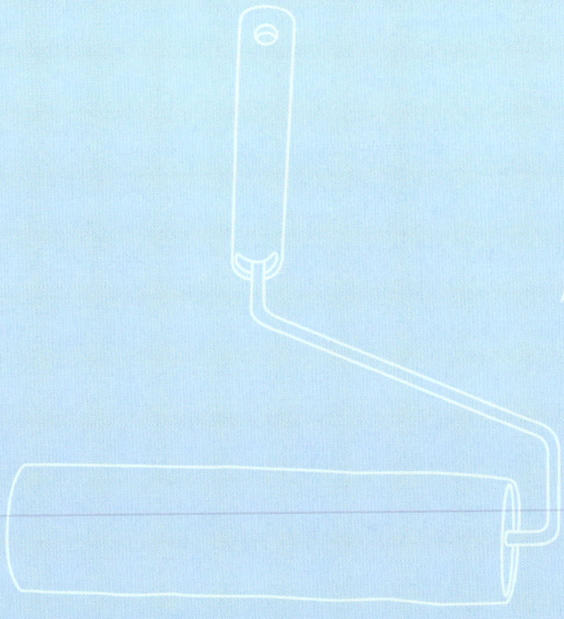

Erweitern Sie diese Grundausstattung nach Ihren Bedürfnissen. Gerade bei Werkzeug, das Sie häufig gebrauchen, ist hohe Qualität wichtig, auch wenn sie etwas mehr kostet. Teures Spezialwerkzeug und Maschinen, die Sie nur selten brauchen, können Sie in Fachgeschäften mieten.

✓ Elektrische Bohrmaschine, Bohrer-Set
✓ Klauenhammer
✓ Furniersäge und Bügelsäge
✓ Schlitz- und Kreuzschlitzschraubendreher
✓ Stahllineal
✓ Ahle
✓ Meißel
✓ Rollgabelschlüssel (Engländer)
✓ Teppichmesser
✓ Schutzbrille und -handschuhe

Einrichtungssprechstunde

MEINE LÖSUNGSVORSCHLÄGE FÜR EINIGE HÄUFIG AUFTRETENDE PROBLEME

Frage: Ich hasse Gardinen und möchte so viel Licht wie möglich in meine Wohnung lassen. Aber kann ich wirklich auf Vorhänge verzichten? Was werden meine Nachbarn denken?

Antwort: Auch wer keine neugierigen Nachbarn hat, möchte wenigstens im Bad ein gewisses Maß an Privatsphäre haben. Ein einfaches Rollo aus weißem Baumwollstoff oder eine Gardine aus Musselin bieten Sichtschutz, lassen aber noch Licht herein. Eine weitere Möglichkeit sind Milchglasfenster.

Frage: Kann ich Pink verwenden oder ist das nur eine Farbe für kleine Mädchen?

Antwort: Pink geht, wenn Sie es damit nicht übertreiben. Ich selbst liebe Lippenstift in knalligem Schiaparelli-Pink, würde aber nicht gerade meine Wände in diesem Ton streichen. Eine Wand mit erdbeerfarbenen Streifen ist aber ein schöner Kompromiss (siehe S. 118–119).

Frage: Mein Schlafzimmer ist winzig. Gibt es Tricks, um kleine Zimmer größer wirken zu lassen?

Antwort: Viel Weiß lässt kleine Räume größer wirken. Entscheiden Sie sich für schlichte (Einbau-)Schränke und nutzen Sie den Platz unter dem Bett als Stauraum. Trennen Sie sich von Dingen, die Sie nicht wirklich brauchen und bringen Sie im Schlafzimmer nur das Wichtigste unter.

Frage: Was halten Sie von Interieurs, die ganz Ton in Ton gehalten sind?

Antwort: Wenig, um ehrlich zu sein. Das ist genauso öde wie das ewige Schwarz, in das sich Intellektuelle hüllen oder solche, die es sein wollen. Spielen Sie mit Farben, wenn Ihre Wohnung nicht den Charme einer Hotelhalle verströmen soll. Ich persönlich bevorzuge Weiß als Grundfarbe und setze dann ganz gezielt einzelne Farbakzente, z. B. mit Möbeln und Accessoires in Pink oder Minzgrün.

Frage: Ich habe eine anspruchsvolle Tochter im Teenageralter. Was könnte ihr gefallen?

Antwort: Geben Sie ihr das Gefühl, eine Prinzessin zu sein – z. B. mit einem Moskitonetz über dem Bett (siehe S. 72–73) und bunter Bettwäsche. Erlauben Sie ihr ruhig, ihr Zimmer rosarot zu beleuchten und Räucherstäbchen anzuzünden. Auch laute Musik (zwischen 20 und 21 Uhr) ist gestattet und sie darf ihre Wände nach Belieben mit Boygroup-Postern schmücken. So haben Sie zumindest ein paar Diskussionspunkte ausgeräumt.

Frage: Seit Monaten suche ich nach dem perfekten Weiß. 50 Weißtöne sind jetzt in der engeren Wahl. Was nun?

Antwort: Das Leben ist zu kurz, um sich über solche Details den Kopf zu zerbrechen. Wahrscheinlich treibe ich Sie vollends zur Verzweiflung, wenn ich Sie daran erinnere, dass eine Farbe auf einer Musterkarte oft anders wirkt als an der Wand. Ich schlage vor, Sie gehen schnurstracks in den Baumarkt und kaufen die beste seidenmatte, weiße Dispersionsfarbe, die es dort gibt. Glauben Sie mir, es wird großartig aussehen!

Frage: Kunst – ja oder nein?

Antwort: Wenn es nichts gibt, das Sie wirklich täglich ansehen möchten, dann lassen Sie Ihre Wände lieber kahl. Sie brauchen sich nicht deshalb Kunst an die Wand zu hängen, weil es üblich ist oder weil die Neureichen von nebenan es tun. Ich persönlich bevorzuge schwarzweiße Familienfotos (siehe S. 138–139).

Frage: Eine Verkleidung für die Heizkörper ist mir zu kostspielig. Was kann ich tun, damit sie weniger auffallen?

Antwort: Lassen Sie sie einfach mit dem Hintergrund verschmelzen, indem Sie sie im selben Farbton lackieren wie die Wände. Dafür gibt es hitzebeständige Lacke speziell für Heizkörper.

Frage: Es würde mich ein Vermögen kosten, meine Holztreppe mit Teppich auszulegen. Wissen Sie Rat?

Antwort: Was halten Sie davon, Ihre Treppe zu streichen? Das ist viel billiger und voll im Trend – allerdings sollten Sie Ihre Familie dazu erziehen, die Stufen emporzuschweben (siehe S. 28–29).

Frage: Wie finden Sie die Farbe Beige?

Antwort: Konservativ und todlangweilig. Unbedingt meiden. Der Innenarchitekt David Hicks hat einmal in einem Interview gesagt, Beige sei die Farbe, die seine wohlhabenden Kunden am häufigsten verlangten. Das beweist, dass Geld und Geschmack nicht unbedingt zusammenhängen. Beige ist nur als Farbe von Naturprodukten akzeptabel, z. B. bei Wolldecken oder Weidenkörben.

Frage: Ich ziehe aufs Land, will aber meine städtischen Einrichtungsgewohnheiten nicht über Bord werfen. Geht das?

Antwort: Aber sicher, indem Sie einen großen Bogen um girlandenverzierte Tellerborde, Trockenblumen und Regale voller blauweißem Porzellan machen.

Frage: Was ist die preiswerteste Methode, Geschirr zu verstauen?

Antwort: Bewahren Sie Ihre Küchenutensilien in offenen Regalen auf. Bretter in allen Längen und einfache Winkel bekommen Sie in jedem Baumarkt. Oder Sie streichen ein altes Bücherregal an, das Sie ohnehin ersetzen wollen.

Frage: Was soll ich mit der scheußlichen Esszimmergarnitur meiner Schwiegermutter anstellen? Mein Mann möchte sich einfach nicht davon trennen.

Antwort: Wahrscheinlich mag er sie ebenso wenig, fühlt sich aber verpflichtet, sie in Ehren zu halten. Da hilft eine List: Sehen Sie bei ebay nach, was so ein Garnitur bringen kann und zeigen Sie ihm, was er dafür bekommen könnte. Vielleicht beißt er ja an ...

Ans Werk!

ES IST UNGLAUBLICH BEFRIEDIGEND, WENN MAN SEINE WOHNUNG NACH DEN EIGENEN VORSTELLUNGEN GESTALTET UND DAS EINE ODER ANDERE SELBST HERSTELLEN KANN. UND ES IST VIEL EINFACHER, ALS SIE VIELLEICHT DENKEN.

Ebenso wie es viel mehr Spaß macht, einen Geburtstagskuchen selbst zu backen, statt eine perfekte, aber nicht halb so köstliche Torte aus dem Supermarkt zu holen, ist es auch viel schöner, einen hübschen Kissenbezug selbst zu nähen, statt ihn zu kaufen.

Keine Sorge, dazu müssen Sie nicht Ihre ganze Freizeit an der Nähmaschine verbringen. Es geht nur darum, sich etwas Zeit für ein einfaches Projekt zu nehmen. Das tut auch der Seele gut und inspiriert Sie mit Sicherheit mehr als die neueste Seifenoper im Fernsehen.

Was Sie zum Nähen brauchen

* Nähmaschine (am Anfang tut's ein einfaches Modell)
* Stoffreste
* Borten, Geschenkbänder, Litzen und Schleifen
* Kiste oder Regal zur Aufbewahrung aller Utensilien, Beutel für Stoffreste und Bänder
* Schneidermaßband
* Lineal zum Anzeichnen gerader Linien
* Schneiderkreide zum Anzeichnen: weiße für dunkle Stoffe, farbige Kreide für helle und gemusterte Stoffe
* Papierschere zum Ausschneiden der Schnittmuster
* Große Schneiderschere zum Schneiden von Stoffen
* Kleine Handarbeitsschere zum Abschneiden von Fäden
* Sortiment Nähnadeln zum Heften, Säumen und Nähen
* Näh- und Heftgarne
* Nahtauftrenner: kleines Werkzeug zum schnellen Auftrennen von Nähten
* Dampfbügeleisen und Bügelbrett
* Stofffarbe; am besten sind Produkte, mit denen sowohl Baumwolle als auch Synthetik in der Waschmaschine gefärbt werden können.
* Gummiband
* Klettband: praktisch für Kissenverschlüsse
* Buntes Sortiment an Knöpfen
* Sicherheitsnadeln

Alle Vorschläge in diesem Buch sind leicht verständlich beschrieben und ohne große Kosten in die Tat umzusetzen. Ein Ziel ist dabei immer, zu sparen und all das zu nutzen, was Sie schon haben. Heben Sie z. B. Farbreste auf, denn oft reichen sie noch, um einen Tisch vom Flohmarkt aufzubessern (siehe S. 124–125). Das Gleiche gilt für abgetragene Kleider: Eine schön bedruckte Bluse kann immer noch zerschnitten und für Applikationen, Kissenbezüge oder Taschen verwendet werden. Durchstöbern Sie Secondhandläden und Basare. Bestimmt finden Sie dort ein paar Schätze, z. B. eine gut erhaltene cremefarbene Wolldecke, die Sie mit einem Samtband verzieren, oder ein Tischtuch, das Sie färben können.

Nähtipps

Das Geheimnis der Schneiderkunst besteht in geraden Nähten. Werden mehrere Stoffstücke zusammengenäht, müssen sie fixiert werden, sonst rutscht Ihnen die Arbeit unter der Maschine weg: Stecken oder heften Sie die Stücke rechts auf rechts zusammen. Ziehen Sie die Stecknadeln während des Steppens mit der Maschine nach und nach heraus. Der Heftfaden wird erst nach dem Nähen entfernt. Anschließend die Nahtzugaben auseinanderbügeln.
Zum Versäubern von Nähten gibt es zwei Methoden: Ausfransende Stoffe versäubert man mit Zickzackstich, nicht fransende Stoffe können einfach umgeschlagen und mit geradem Steppstich gesäumt werden.
Für einen Rollsaum den Stoffrand nicht zu breit nach links umlegen und eine Kante bügeln; Saum dann erneut umschlagen, bügeln und parallel zum Rand von der linken Seite aus feststecken oder heften. Saum von links feststeppen, dabei Nadeln herausziehen. Wiederholtes Bügeln erleichtert das Nähen und hält die Näharbeit in Form.

TEIL 2

Deko-Geheimnisse

Hereinspaziert

IN 10 SCHRITTEN ZU EINEM EINGANGSBEREICH MIT STIL

1 Verpassen Sie Ihrer Haustür einen frischen, hellen Farbton – Meerblau und Taubenblau in einem für Außenbereiche geeigneten Mattlack sind dafür wie geschaffen. Bitte keinen Glanzlack verwenden!

2 Die Eingangstür sollte zur Architektur und zum Stil des Hauses passen – achten Sie möglichst darauf, falls Sie eine neue Tür kaufen sollten.

3 Weiße Wände lassen einen fensterlosen Flur großzügig wirken. Wenn Sie dennoch Farbe möchten, empfehlen sich für kleine Räume lichte Blau-, Grün- oder Lavendeltöne, für größere ein lebhafteres Tulpenrosa oder Smaragdgrün.

4 Mit einer Mustertapete wirkt der Eingangsflur spektakulär. Florale und geometrische Formen, wie etwa breite Streifen, kommen in engen Räumen sehr gut zur Geltung. Tapete ist teurer als Farbe, dafür ist das Ergebnis besser vorhersehbar.

5 Nehmen Sie die dickste und kratzigste Fußmatte, die Sie finden können, damit der gröbste Schmutz vor der Tür bleibt. Zusätzlich können Sie innen eine Jutematte gebrauchen oder einen Sisalläufer im Flur verlegen.

6 Bringen Sie den Lichtschalter direkt neben der Eingangstür an, damit Sie nachts nicht im Dunkeln tappen. Garderobenhaken platziert man am besten über einer Heizung, sodass feuchte Kleidung schnell trocknen kann.

7 Füllen Sie Ihre größte Vase mit Zweigen und Blumen der Saison – Weidenkätzchen im Frühling, ein taufrischer Strauß Gartenrosen im Sommer oder ein paar Dahlien im Frühherbst.

8 Verbannen Sie den Krimskrams Ihrer lieben Mitbewohner ohne Skrupel aus dem Eingangsbereich. Oder stellen Sie für jedes Familienmitglied einen Korb auf, in dem die Sachen für draußen aufbewahrt werden können.

9 Ein großer Spiegel vergrößert den Raum und verrät Ihnen nebenbei noch, ob Sie das Haus auch wirklich wie aus dem Ei gepellt verlassen.

10 Ein Kronleuchter, eine einfache Deckenlampe oder eine Tischlampe auf einem Sideboard sorgen für einladende Flurbeleuchtung. Deckenspots passen eher in eine Hotellobby als in ein gemütliches Zuhause.

Himmelsleiter

VERPASSEN SIE IHREM TREPPENAUFGANG EINEN STRAPAZIERFÄHIGEN ANSTRICH IN FRISCHEM WEISS. DAS SORGT FÜR EINE HELLE, LUFTIGE ATMOSPHÄRE.

Wenn Sie nicht allzu lärmempfindlich sind, verzichten Sie auf einen dämpfenden Belag auf der Treppe – auch wenn manche meinen, das wirke irgendwie nackt. Richten Sie sich nach Ihren Wünschen und schonen Sie Ihren Geldbeutel. Meiner Ansicht nach gibt es nichts Simpleres und zugleich Schickeres als glatte Holztreppen, die entweder komplett oder nur an den Rändern gestrichen sind, sodass der frei gelassene Mittelstreifen wie ein Teppichläufer aussieht. Farbe ist viel billiger als ein Woll- oder Sisalbelag. Letzteren müssen Sie sowieso von einem Fachmann zuschneiden lassen – was das Budget ziemlich strapaziert.

Streifen Sie sich ein Paar Gummihandschuhe über und schrubben Sie die Treppenstufen mit einer Reinigungslauge gründlich ab. Wenn das Holz trocken ist, messen Sie die Breite des »Läufers« aus und kleben Sie die Innenränder mit festem Malerband ab.

Bringen Sie mit dem Pinsel eine Grundierung, einen Voranstrich und zwei Deckanstriche mit weißer Fußbodenfarbe auf. Andere Farben sind nicht strapazierfähig genug. Ist die Farbe getrocknet, können Sie das frei gebliebene Stück in einer Kontrastfarbe streichen – etwa Blau oder Ziegelrot.

Ein naturbelassener Trittbereich lässt sich am besten sauber halten: Bürsten oder saugen Sie Staub einfach ab und wischen Sie die Treppe feucht mit einem geeigneten Reinigungsmittel. Treppen niemals wachsen oder polieren – Rutschgefahr!

Holzgeländer und -spindeln können mit Wachspolitur gepflegt werden. Sind sie beschädigt, sollten Sie nicht lange fackeln und sie ausbessern und mit Seidenmattlack anstreichen.

Das brauchen Sie

- **Weiß gestrichene Wände**
- **Seidenmatt lackierte Holzelemente**
- **Abgeschliffene und mit Fußbodenfarbe weiß gestrichene Treppenstufen mit einem schmalen „Läufer" in der Mitte**
- **Weiß gestrichener Dielenboden**
- **Holzgeländer und -spindel, abgeschmirgelt und gewachst**
- **Ein Abendkleid für den glamourösen Auftritt**

So geht's FRISCH GESTRICHEN! Sie können Ihre Treppe streichen und sie dennoch benutzen. Fangen Sie oben an und streichen Sie nur jede zweite Stufe. Während die Farbe trocknet, nehmen Sie die ungestrichenen Stufen. Ist die Farbe trocken, können Sie die übrigen Stufen streichen.

Großzügig planen

SANDFARBENE WÄNDE UND GROSSE BLUMEN VERLEIHEN EINER ENGEN, DUNKLEN DIELE EIN GEMÜTLICHES, NATÜRLICHES FLAIR.

In kleinen Häusern und Wohnungen bleibt selten Platz für einen praktischen, geräumigen Eingangsbereich. Oft kann man sich kaum umdrehen, geschweige denn, mit dem Kinderwagen rangieren. Stapel von Mänteln, Jacken und Schuhen verbessern die Situation nicht gerade. Da ein Umbau aus finanziellen Gründen selten infrage kommt, bleibt meist nur, trotzdem das Beste daraus zu machen.

Als Erstes sollten Sie für viel Licht sorgen. Eine verglaste Eingangstür mit Oberlicht lässt das Tageslicht herein – gerade an den kurzen Wintertagen ein wichtiges Detail.

Weiß lässt kleine oder enge Räume bekanntlich weiter wirken. Aber auch eine natürliche Farbe wie dieser Sandton für die Wände ist eine Überlegung wert. Sie verleiht dem Durchgangsbereich eine ruhige Optik, greift die Erdtöne im Vorgarten auf und stellt dadurch einen schönen Übergang zwischen außen und innen her. Große pinkfarbene Hortensienblüten setzen Akzente und unterstreichen das natürliche Ambiente.

Besonders gut für lange, enge Flure geeignet: Schmale Tische, unter denen große Körbe für Gummistiefel, Fußbälle, Hundeleinen usw. verschwinden.

Nichts geht über einen großen Lampion aus Japanpapier – echter Retro-Look aus den Sechzigern, der wieder voll im Trend ist. Probieren Sie es einmal aus: Große Objekte, die auf den ersten Blick vielleicht unproportioniert wirken, vergrößern kleine Räume auf magische Weise. Genauso funktioniert ein großer Spiegel in einem kleinen Wohnzimmer oder ein riesiges Bett in einer kleinen Kammer. Umgekehrt gilt dieses Prinzip leider nicht – eine winzige Lampe in einem großen Raum wirkt einfach deplatziert.

Der Eingangsbereich wird immer stark strapaziert. Legen Sie eine robuste Fußmatte auf den gewachsten Holzboden, und ganze Bataillone von Bergstiefeln können den Dielen nichts anhaben. Wischen und gelegentlich eine frische Schicht Wachs genügen zur Pflege.

So geht's

RICHTIG ANSTREICHEN

* Tauchen Sie den Pinsel nur zur Hälfte ein und streifen Sie überschüssige Farbe am Rand des Farbbehälters ab.
* Tragen Sie die Farbe in etwa 20 cm breiten, waagerechten Streifen auf und streichen Sie zum Schluss noch einmal in der Senkrechten drüber.
* Halten Sie kleine Pinsel wie einen Stift, große wie einen Tennisschläger.
* Tränken Sie Farbrollen im tiefen Teil einer Farbwanne mit Farbe und verteilen Sie die Farbe dann durch Hin- und Herrollen auf der geriffelten Abstreiffläche.
* Tragen Sie die Farbe langsam und gleichmäßig auf.
* Nehmen Sie mit der Rolle nicht zu viel Farbe auf. Setzen Sie sie vorsichtig von der Wand ab, damit es nicht spritzt.

Das brauchen Sie

* **Verglaste Eingangstür mit Oberlicht, um das Tageslicht optimal zu nutzen**
* **Sandfarben gestrichene Wände**
* **Gewachster Dielenboden**
* **Strapazierfähige Fußmatte, rutschfest verlegt**
* **Ein langer, schmaler Holztisch**
* **Große Glasvase mit Blumen der Saison**
* **Großer Japanballon**

Schlichter Schick

PEPPEN SIE DEN FLUR MIT FRECHEM BAUMWOLLSTOFF UND KERAMIKFLIESEN AUF.

Natürlich hält man sich im Eingangsbereich nicht so lange auf wie in anderen Räumen. Trotzdem: Die Diele ist sozusagen die Visitenkarte Ihres Hauses, darum sollte sie positiv und einladend wirken. Gestalten Sie den Empfangsbereich so freundlich und zugleich funktional wie möglich.

Räumliche Weite und Offenheit sind hier das A & O. Im Beispiel auf der linken Seite ist dieser Effekt gut gelungen: durch frische weiße Farbe, den gefliesten Boden und einen großen, weiß gerahmten Spiegel. Er reflektiert das durch die gegenüberliegende Glastür einfallende Tageslicht. Ideal als Fußbodenbelag im Eingangsbereich sind Linoleumfliesen, weil sie pflegeleicht sind und nicht durch Teppiche oder Läufer geschützt werden müssen. Superschick wirken sie im Schachbrettmuster verlegt. Aber auch robuste, strukturierte Kautschuk- oder sogar Korkfliesen sind gut geeignet und wieder sehr im Kommen.

Schwelgen Sie in frischen Farben und möblieren Sie diesen Raum nur sparsam. Ich habe Holzstühle aus den 60er-Jahren mit Hussen aus lila-weiß karierter Baumwolle bezogen. Sie sind waschbar, sodass auch der kleine Leon mit seiner Eiswaffel ihnen nichts anhaben kann. Bei Bedarf rücken wir die Stühle an den Esstisch. Eine schöne Idee ist auch ein einfacher Tisch in der Diele, den sie ganz einfach mit einer gestreiften oder karierten Decke mit Samtborte schmücken.

Ganz klar: Für die Jugendstilkredenz oder den Biedermeiersekretär ist der Flur definitiv nicht der richtige Standort. Empfindliche Möbel oder Antiquitäten bekommen hier in null Komma nichts Kratzer und Schrammen. Als Blickfang genügen ausgewählte Dekorationselemente, etwa ein Adventskranz oder ein paar Töpfe mit Rosmarinzweigen auf dem Tisch. Wenige lebendige Akzente – zum Beispiel ein paar frische Blumen – verleihen selbst dem kühlsten Flur eine heitere Note.

Das brauchen Sie

- **Weiß gestrichene Wände**
- **Weiß lackierte Holzelemente**
- **Ein großer Spiegel mit seidenmatt weiß lackiertem Rahmen**
- **Ein emaillierter Lampenschirm im Industriestil**
- **Buchenstühle aus den 60er-Jahren mit Bezügen aus karierter Baumwolle (siehe S. 122–123)**
- **Bodenbelag aus alten Keramikfliesen**

Alte Fliesen

Manchmal findet man in alten Häusern noch den originalen Fußbodenbelag aus Keramikfliesen vor. Falls Sie so eine Rarität erworben haben, Glückwunsch! Noch besser, wenn die Fliesen nur eine gründliche Reinigung brauchen. Besorgen Sie sich dafür unbedingt ein spezielles Reinigungsmittel im Fachgeschäft, das auch den fest sitzenden Schmutz löst. Anschließend sollten Sie den Boden versiegeln, danach braucht er nur ab und zu feucht gewischt werden. Zerbrochene oder lose Fliesen säubern und mit Fliesenkleber befestigen.

Lässiger Landhausstil

ELEGANTE, STRAPAZIERFÄHIGE MATERIALIEN

Stadtmenschen malen sich das Landleben gerne in den schönsten Farben aus – kein Wunder, sie müssen sich auch nur selten mit Stromausfällen und ungebetenem Insekten-Besuch herumplagen oder mit dem Nachwuchs, der in dreckstarrenden Hosen vor dem Fernseher hockt. Angesichts des erhöhten Schmutzaufkommens empfiehlt sich für jedes Landhaus ein robuster Fußbodenbelag, zum Beispiel versiegelte Terrakottafliesen, wie sie hier zu sehen sind.

Ringen Sie nicht gleich die von der vielen frischen Luft und vom Jäten spröde gewordenen Hände, wenn ich Ihnen vorschlage, einen stark frequentierten Flur oder Durchgang mit einem hübschen weißen Läufer auszulegen. Der Trick: Kaufen Sie ein Exemplar aus Baumwolle. Ein Flickenteppich tut es auch. Den können Sie einfach in die Waschmaschine stecken und im Freien trocknen lassen. Vorsicht: Teppiche mit stark leuchtenden Farben können beim Waschen schnell verfärben.

Auch für die Wände im Haus auf dem Land empfehle ich möglichst pflegeleichte Anstriche. Von klebrigen Fingerabdrücken bis zu Tomatenspritzern habe ich schon alles Mögliche an Wänden gesehen. Bewahren Sie genügend Wandfarbe im verwendeten Farbton auf, dann sind solche Ärgernisse schnell vergessen.

Das brauchen Sie

- **Weiße Dispersionsfarbe für Wände und Holzteile**
- **Terrakottafliesen für den Fußboden**
- **Beistelltisch, mit Schleifpapier und Farbe auf rustikal getrimmt**
- **Ein waschbarer weißer Baumwollläufer**
- **Windlicht aus Metall**
- **Blumen in einem einfachen Glaskrug**

So geht's WÄNDE STREICHEN Die Wände vor dem Anstrich mit einem Schwamm abwaschen und mit Grundierung vorbereiten. Mit zwei Schichten Dispersionsfarbe streichen. Am besten bearbeitet man etwa 60 cm breite Wandabschnitte mit der Malerrolle. Rechtshänder beginnen oben links, Linkshänder oben rechts. Um Tür- und Fensterrahmen zunächst einen schmalen Streifen aussparen, der dann zum Schluss mit dem Pinsel gestrichen wird.

Relaxen

IN 10 SCHRITTEN ZUR WOHLFÜHL-OASE

1. Gerade in kleinen Wohnungen steht meist kein extra Raum zum Entspannen zur Verfügung. Ein Sofa mit weichen Kissen, das Sie in eine gemütliche Ecke in der Küche oder im Esszimmer rücken, tut's aber auch.

2. Einfache Überwürfe, mit Bändern oder Knöpfen verziert – und schon sehen alte Stühle aus wie neu. Nähen Sie die Überwürfe aus fester Baumwolle. Auch Leinen eignet sich gut, knittert aber, ist also nichts für Puristen. Beide Stoffe vor dem Nähen waschen.

3. Kaufen Sie das größte Sofa, das Sie sich leisten können. Wichtig sind ein solider Rahmen aus Hartholz und stabile Polster. Sofas aus den 30er- oder 40er- Jahren brauchen vielleicht eine Runderneuerung, sind aber oft immer noch billiger als ein neues Stück.

4. Machen Sie das Sofa mit Federkissen kuschelig. Die sind weich und bequem, sollten allerdings täglich aufgeschüttelt werden, damit sie ihre Form bewahren. Von billigen Schaumstoffkissen rate ich ab – sie sind weder schön noch bequem.

5. Ich liebe Tischleuchten mit hübschen, bändergeschmückten Schirmen, zum Beispiel aus Pergament. Sie tauchen alles in ein angenehm weiches Licht. Denken Sie bei der Wahl der Glühlampen daran, dass dunkle Wände mehr Licht schlucken als helle. Energiesparlampen sind umweltfreundlich und halten länger.

6. Ein loderndes Kaminfeuer ist einfach herrlich. Fegen Sie einen länger ungenutzten Kamin zuerst aus. Heizkörper sehen am besten aus, wenn sie passend zur Wandfarbe gestrichen sind. Eine Fußbodenheizung ist natürlich ein besonderer Luxus.

7. Sonnige, lichtdurchflutete Wohnzimmer wirken im Winter Wunder. Wenn sie auch noch einen direkten Zugang zum Garten oder zur Terrasse haben, sind solche Räume aber auch im Sommer ein echter Gewinn an Lebensqualität.

8. Am liebsten richte ich Wohlfühl-Oasen in Blau und Weiß ein – ein Klassiker, der nie aus der Mode kommt. Elfenbeinfarben, hellblau oder lichtgrün gestrichene Wände passen gut zu Streifen- und Karomustern.

9. Natürliche Materialien und Düfte lassen jeden Raum lebendig und luftig wirken. Weidenkörbe und Teppiche aus Naturfasern sorgen für Behaglichkeit. Teelichter in Glasgefäßen oder eine angenehm riechende Duftkerze spenden weiches Licht.

10. Teppichboden schafft nicht gerade ein offenes, entspannendes Raumgefühl. Läufer oder hübsche Teppiche bieten dem Auge mehr Abwechslung und wärmen die Füße ebenso gut. Dielenböden können Sie einfach weiß anstreichen (siehe S. 90-91).

STAR

Nichts geht über ein großes Sofa!

EINE BEQUEME SITZLANDSCHAFT ZUM AUSRUHEN UND ACCESSOIRES IN BLAU-WEISS SIND DAS REZEPT FÜR EIN HELLES, FREUNDLICHES UND EINLADENDES WOHNZIMMER.

Gestalten Sie das Wohnzimmer abwechslungsreich, indem Sie es in unterschiedliche Funktionsbereiche aufteilen. Eine schöne Idee ist ein Tisch hinter dem Sofa, die ideale Abstellfläche für Blumen die Leselampen oder kleine Kunstobjekte. Toll, wenn direkt dahinter ein Fenster liegt, dann wandert der Blick automatisch weiter nach draußen.

Überlegen Sie rechtzeitig, wo welche Möbel stehen sollen, wenn Sie sich ganz neu einrichten. So können Sie den Verlauf von elektrischen Leitungen mit einplanen (siehe S. 16–17). Lassen Sie Fußbodensteckdosen installieren, falls Sie Stehlampen mitten im Raum platzieren wollen.

Und nun zum Sofa! Messen Sie nicht nur den späteren Standort aus, sondern auch die Zugänge, bevor Sie nach einem passenden Exemplar Ausschau halten: Es wäre zu schade, wenn das Sofa Ihrer Wahl nicht durch die Tür oder durch die Haarnadelkurven des Treppenhauses passt! Sonst bleibt nur ein Außenlift von der Speditionsfirma, um das gute Stück durchs Fenster zu hieven – ein edles Sofa, das Ihnen jahrelang gute Dienste leisten soll, ist den Aufwand aber allemal wert. Dekorieren Sie das Sofa zwanglos mit weichen Kissen und vielleicht mit einem Überwurf.

Wer einen Raum mit ein oder zwei großen Sofas bestückt, braucht sich über die restliche Möblierung kaum noch Gedanken zu machen. Beschränken Sie sich auf das Notwendigste, sonst wirkt das Zimmer schnell überladen. Bei Holzfußböden oder Fliesen ist ein Teppich vor dem Sofa ideal, darauf ein niedriger Tisch für das Weinglas oder Zeitschriften. Zu der großzügigen Gestaltung passt ein Teppich mit Streifenmuster ebenso gut wie ein Sisal- oder Wollteppich, der Farbe und Struktur ins Spiel bringt.

Ist der Raum groß genug, können Sie zwei Sofas einander gegenüber stellen. Wenn Sie noch dazu einen Kamin Ihr Eigen nennen, wird Ihnen ein verregneter Nachmittag nie mehr die Laune verderben!

Das brauchen Sie

- **Weiß gestrichene Wände**
- **Eierschalenfarben gestrichene Holzeinbauten**
- **Weiß gestrichener Dielenboden**
- **Abnehmbarer weißer Sofabezug**
- **Blau-weiß gestreifte Kissenbezüge**
- **Blau-weiß gestreifte Lampenschirme**
- **Beistelltische aus Holz**
- **Drahtgeflechtstühle aus den 50er-Jahren**
- **Weiße Rollos**
- **Weidenkörbe**

So geht's

DEN ANSTRICH VORBEREITEN

- Alte Kleider und ein Zeitungshut schützen vor Farbspritzern.
- Farbeimer auf Zeitungspapier oder ein Stück Folie stellen und mit einem Schraubendreher oder einer Münze öffnen.
- Die Farbe mit einem stabilen Stab durchrühren und gut mischen.
- Auf Dispersionsfarbe setzt sich mit der Zeit Wasser ab; schütten Sie es ab.
- Auf Ölfarbe bildet sich oft eine Haut, die entfernt werden muss; danach gießen Sie die Farbe durch eine alte Nylon-Strumpfhose, damit kleine Klumpen Ihnen nicht den Anstrich verderben.
- Dickflüssige Farbe verdünnen: Dispersionsfarbe mit Wasser, Kunstharzlacke mit Terpentinersatz.

Cooler Trend

MIT EINFACHEN IDEEN ZUM RETRO-LOOK

Elegante, funktionale Möbel im Stil der 60er-Jahre sind wieder en vogue und genau das Richtige für Puristen. Vielleicht finden sich im Keller Ihrer Eltern noch ein paar coole Relikte aus dieser Zeit? Meine Schwiegermutter hat mir den »Tulip Table« und die dazu passenden Stühle von Eero Saarinen überlassen! Aber inzwischen kennen viele Leute den Wert solcher Design-Klassiker; ein Schnäppchen zu machen ist also nicht mehr so einfach.

Erinnern Sie sich noch an die Tapeten aus orangefarbenem Sackleinen und die Chiantiflaschen in Bastgeflecht, die zu Kerzenständern umfunktioniert wurden? Das Comeback Letzterer ist uns zum Glück bisher erspart geblieben, aber einer originellen Textil- oder sogar Korktapete kann ich inzwischen wieder viel abgewinnen. Tapeten aus Naturmaterialien sind auch beliebt, weil sie den Wänden Struktur verleihen. In einem Ökohaus können sie das Tüpfelchen auf dem »i« sein.

Das brauchen Sie

* **Tapete im Retro-Stil (60er- oder 70er-Jahre)**
* **Seegrasmatten für den Fußboden**
* **Sideboard mit Schiebetüren**
* **Deckenlampe im Stil der 60er-Jahre**
* **Alte Stehlampe**
* **Rote Segeltuchvorhänge**

Machen Sie sich auf die Suche nach dem modernen Retro-Look. Neben den raren Originaltapeten gibt es inzwischen richtig gute und preiswerte Nachahmungen – ausgefallene geometrische Muster sind echte Hingucker.

Sogar Fototapeten sind wieder in. Lassen Sie eins von Ihren Lieblingsfotos vergrößern und tapezieren Sie eine ganze Wand damit. Das ist nicht ganz billig, aber dafür absolut einzigartig.

Versetzen Sie sich mit der passenden Beleuchtung ins Swinging London der Sechziger. Ganz einfach: mit Deckenlampen aus Formplastik, die ihrem Wohnzimmer den typisch psychedelischen Touch verleihen.

So geht's

VOR DEM TAPEZIEREN

DAS BRAUCHEN SIE:

* Tapeziertisch
* Kleisterpinsel
* Breite Tapezierbürste
* Eimer zum Anrühren des Kleisters
* Tuch und Schwamm zum Abwischen von überschüssigem Kleister
* Nahtroller
* Lange Wasserwaage oder Lot
* Tapeziermesser
* Maßband, um die Länge der Bahnen auszumessen

Sauber und stilvoll

SESSELBEZÜGE, DIE KLEBRIGEN KINDERHÄNDEN DIE STIRN BIETEN

Sie dachten, schöne Polstermöbel und Fernseher in Kombination mit Kindern – das kann man sich abschminken? Das können Sie ganz gelassen sehen. Mein Sprössling fläzt sich am liebsten mit einer Tüte Süßigkeiten vor dem Fernseher. Gerade nach spannenden Filmen findet sich dann eine Patina aus Weingummi und Schokokrümeln auf dem weißen Sesselüberzug. Aber darauf bin ich vorbereitet: Ich ziehe die Polster einfach ab, wasche die Bezüge bei 40 Grad und streife sie wieder über die Sessel, solange sie noch etwas klamm sind. Sie sehen aus wie neu – wenigstens bis zur nächsten Süßigkeitenattacke.

Sich kinderfreundlich einrichten heißt: Alles sollte wasch- oder abwaschbar sein – Teppiche, Wände und die Möbel.

Aufgeräumte Zimmer haben eine entspannende Ausstrahlung. Darum finde ich es auch wichtig, dass nicht die ganze Wohnung zum Kinderspielplatz wird. Modernes Plastikspielzeug ist nun wirklich keine Augenweide, und es spricht nichts dagegen, Kindern schon früh ein paar Ordnungsregeln beizubringen. Ich empfehle zur Aufbewahrung stabile, stabelbare Plastikboxen oder bunt bemalte Schränke, in denen Spielsachen, DVDs und Gesellschaftsspiele ihren Platz finden.

Versuchen Sie, konsequent zu sein und überlegen Sie, was und wie viel Ihr kleiner Liebling tatsächlich braucht – dann sammelt sich schon von selbst nicht zu viel Krimskrams an.

Das brauchen Sie

* Weiß gestrichene Wände
* Dunkel gestrichener Dielenboden
* Seidenmatt lackierte Schränke vom Trödler für Videos und DVDs
* Abziehbare blau-weiß gestreifte Baumwollbezüge für die Sessel
* Waschbare Baumwollteppiche

So geht's

TÜREN STREICHEN

* Schrauben Sie Griffe und Beschläge ab und laugen Sie die Tür ab. Türblatt und Zarge streichen Sie abschnittsweise von oben nach unten. (Oder die Türe aushängen, auf Böcke legen und mit einer Rolle bearbeiten.) Vor dem zweiten Anstrich die getrocknete Farbe leicht anschleifen.

FENSTER STREICHEN

* Fensterflügel aushängen, ablaugen oder anschleifen. Glas abkleben. Zuerst ggf. die Sprossen, dann Quer- und Längsholme und zum Schluss die Fensterrahmen streichen. Sollte doch einmal Farbe aufs Glas spritzen: Trocknen lassen und mit einer Rasierklinge abschaben.

Einfache Blumenmuster

WIE LÄNDLICHE BLÜMCHENTAPETEN EINEN MODERNEN TOUCH BEKOMMEN

Weniger ist mehr! Das gilt auch für Blumentapeten, den Inbegriff des traditionellen Landhausstils. Lassen Sie nicht an sämtlichen Möbeln und Wänden Blüten empor ranken. Hier wurde nur eine Wand mit Rosenmustern tapeziert. Das ist ökonomisch und noch effektvoller. Dazu passt die Stehlampe mit Rüschenschirm, ein kleines Secondhand-Sofa mit Überwurf, grün karierte Kissenhüllen aus Baumwolle und Amaryllis und Hyazinthen in schlichten Töpfen. So zaubern Sie mit ganz einfachen Mitteln ein frisches, zeitgemäßes Ambiente.

Neuerdings erleben altmodische Lampenschirme eine Renaissance, allerdings in veredelter Form. Holen Sie also nicht irgendeinen langweiligen Rüschenschirm vom Flohmarkt, sondern achten Sie auf das gewisse Etwas: Entscheiden Sie sich für frische Farbe, schöne Muster und ausgefallene Formen. Stellen Sie sich vor, Ihr Lampenschirm sei ein zauberhafter Hut, den Sie mit Bändern, Borten und Schleifen verzieren. Im Kommen sind Schirme aus Leinen, Seide, Veloursleder oder Samt. Besonders gut gefällt mir Pergament, weil es das Licht schön streut.

Einen wirklich individuellen Akzent setzen ausladende Lampenschirme. Sie werten triste Zimmerecken auf und spenden ein angenehm weiches Licht – nach Jahren der indirekten Beleuchtung mit Designerlampen ist es mal wieder Zeit für eine dekorative Lösung!

So geht's

TAPEZIEREN

* Beginnen Sie neben dem größten Fenster und arbeiten Sie in Richtung Tür.
* Bei großflächig gemusterten Tapeten über dem Kamin oder in der Mitte zwischen zwei Fenstern beginnen und symmetrisch nach beiden Seiten arbeiten.
* Wichtig: Bringen Sie die erste Bahn exakt ins Lot! Verwenden Sie eine Wasserwaage oder Senkblei und Bleistift oder Kreide und zeichnen Sie damit eine senkrechte Linie an.
* Legen Sie eine Bahn mit der Musterseite nach unten auf den Tapeziertisch, kleistern sie ein und lassen sie einweichen.
* Vorsichtig übereinanderfalten (nicht knicken!).
* Richten Sie die Bahn an der vorgezeichneten Linie aus und streichen sie mit der Tapezierbürste kräftig von der Mitte aus fest, um Blasen zu vermeiden.
* Ober- und Unterkante abziehen, sauber mit dem Tapeziermesser abschneiden und wieder festkleben.
* Achten Sie bei der nächsten Bahn auf den Anschluss des Musters!
* Hervorquellenden Kleister wischen Sie mit einem sauberen, trockenen Schwamm ab.

Das brauchen Sie

* **Tapete mit Rosenmuster**
* **Sisal-Auslegware und ein Läufer aus Wolle**
* **Hölzerner Beistelltisch aus den 60er-Jahren**
* **Sofa (Zweisitzer) mit weißem Baumwollüberwurf**
* **Weiß gestrichene Stehlampe vom Trödel, Lampenschirm mit kariertem Rüschensaum (siehe S. 150–151)**

Lichtquelle Kaminfeuer

SO WIRD AUCH DER KÄLTESTE WINTER ZUM GENUSS: GEMÜTLICH VOR DEM KAMINFEUER IN DIE SOFAKISSEN KUSCHELN, DAZU KAFFEE UND KUCHEN.

Je größer der Kamin, desto schöner prasselt das Feuer. Die Kamine in Altbauten sind häufig sehr klein. Sie zu modernen, großen Feuerstellen auszubauen ist in jeder Hinsicht eine gute Idee. Auf dem Kaminsims haben viele schöne Dinge wie Kerzen, Bilder und andere persönliche Erinnerungsstücke Platz. Ein rustikaler Weidenkorb für das Feuerholz gehört natürlich unbedingt vor den Kamin. Von unnatürlich glänzend lackierten Körben rate ich aber unbedingt ab – die sehen nur halb so gut aus.

Tiefe, satte Terrakottatöne und erdige Grünnuancen wirken in schattigen Ecken zwar gemütlich, aber gerade im Winter profitieren Sie von weißen Wänden: Sie sind nicht nur en vogue, sondern machen den Raum auch viel heller.

Wenn Ihr Budget auch noch eine Erneuerung des Fußbodens erlaubt, könnten Sie eine Fußbodenheizung verlegen lassen und den Boden mit Terrakotta fliesen. So wird das Kaminzimmer noch wohliger, und ganz nebenbei werden Sie so auch die unschönen Heizkörper los.

Sanftes Licht verleiht Räumen im Winter die Gemütlichkeit, die wir in dieser Jahreszeit so dringend brauchen. Kerzen sind sehr dekorativ und 40-Watt-Lampen angenehm fürs Auge. Energiesparlampen haben eine fünf- bis zehnmal längere Lebensdauer als herkömmliche Glühlampen und verbrauchen bis zu 75 Prozent weniger Energie.

Genauso wie die Sommerkleidung verschwinden im Herbst die weißen Sofabezüge bei mir im Schrank. Dann hole ich die Überwürfe aus schwerer, pinkfarbener Baumwolle hervor, die im Winter für gute Laune sorgen. Passende Kissenbezüge mit Karo- oder Blumenmustern verleihen dem modernen Landhausstil zusätzlichen Charme.

Das brauchen Sie

* **Leicht abgetönte, weiße Wände**
* **Terrakottafliesen für den Fußboden**
* **Ein großer Kamin**
* **Holzscheite in Weidenkörben**
* **Ein blau-weiß gestreifter Baumwollteppich**
* **Rosa Kissenbezüge aus Baumwolle mit Karo- oder Blumenmuster**
* **Papierlampenschirm auf einem schlanken Lampenfuß**
* **Kaffee und Kuchen**

Terrakotta

Terrakottafliesen sind ausgesprochen strapazierfähig, saugen aber unbehandelt, also ohne Versiegelung, alles auf und werden dann fleckig. Machen Sie Ihren Terrakottaboden pflegeleicht und versiegeln Sie ihn gleich nach dem Verlegen. Meiner Erfahrung nach genügen zwei Schichten Leinöl. Das Öl bietet umfassenden Schutz, vor allem Rotwein- und Fettflecken haben dann keine Chance mehr. Reinigen Sie die Fliesen zunächst mit einem feuchten Tuch von Staub und Schmutz, tragen Sie dann das Öl dünn mit einer Bürste auf und lassen Sie diese Schicht wenigstens zwölf Stunden vor dem Auftragen der nächsten trocknen. Künftig genügt dann das Wischen mit einem milden Reiniger.

Der kleine Unterschied

Farbe

Die farbliche Gestaltung der Wohnung ist keine leichte Angelegenheit. Gehen Sie am besten in ein Fachgeschäft und wählen Sie dort anhand einer Farbskala Ihre Farbe aus. Kaufen Sie zunächst einen kleinen Eimer davon und testen die Farbe auf einer Fläche von etwa 50 x 50 cm. Lassen Sie die Probe zu den verschiedenen Tageszeiten und bei Kunstlicht auf sich wirken.

Die Farbwirkung ändert sich je nach Lichteinfall. Natürliches Licht hat mehr Blauanteile als Kunstlicht und wechselt im Tagesverlauf stärker.

„Ein Hauch Farbe verändert den ganzen Raum.“

Räume mit Nordlicht erscheinen relativ dunkel, hier sind warme Farben gefragt, etwa sanfte Gelbtöne. Südlicht dagegen ist eher grell und wirft harte Schatten; dort sind kühle Blau- und Grüntöne ideal. Zu viel Weiß kann erschlagend wirken; setzen Sie Farbakzente dagegen.

Nach Osten ausgerichtete Räume haben morgens warmes Licht, im Laufe des Tages kühlt es sozusagen ab. Bei Zimmern nach Westen ist es genau umgekehrt. Wände mit Fenstern sind schattig, dementsprechend wirken die Farben hier dunkler als an direkt beleuchteten Wänden.

Kochen

IN 10 SCHRITTEN ZU EINER PRAKTISCHEN KÜCHE

1. Mit offenen Regalen gewinnen Sie wertvollen Stauraum über der Arbeitsfläche und können direkt auf Töpfe, Pfannen und Geschirr zugreifen. Montieren Sie gestrichene oder klar lackierte Holzbretter auf starken Winkeln.

2. Vor allem wenn Kinder im Haushalt sind, gleicht die Küche schnell einem Schlachtfeld. Deshalb sollten Küchenfußböden robust und pflegeleicht sein. Am besten eigenen sich gewachste Dielen, versiegelte Terrakottafliesen oder das gute alte Linoleum.

3. Bevor Sie die altmodische Einbauküche radikal herausreißen, versuchen Sie es mit der günstigeren Variante: Oft reicht es schon, neue Fronten anzubringen, um die Küche zu einem echten Schmuckstück zu machen.

4. Weniger ist mehr. Horten Sie nicht Unmengen von Küchenkram. 90 Prozent aller Küchenarbeiten lassen sich mit einem Minimum an Utensilien erledigen: hochwertige Töpfe und Pfannen aus Edelstahl, dazu ein paar Holzlöffel, scharfe Messer und eine Küchenmaschine.

5. Bei Arbeitsflächen aus Holz empfehle ich Buche oder Ahorn. Regelmäßig gewachst, ist das Material relativ unempfindlich. Marmor ist sehr hygienisch, wird aber durch Säuren fleckig, etwa Zitronensaft oder Essig. Eine Arbeitsplatte aus Edelstahl wirkt sehr professionell – allerdings bleiben Kratzer auf die Dauer nicht aus.

6. Sorgen Sie für gute Lichtverhältnisse. Pflastern Sie die Decke nicht mit Spots, und platzieren Sie keine Hängelampe direkt über der Arbeitsfläche. Ein paar Leuchten unter einem Regalbrett in Augenhöhe schaffen punktgenaues Arbeitslicht.

7. Der Küchentisch sollte so groß wie möglich sein. Vielleicht schwören Sie ja auf runde Tische – für Erkerzimmer sind sie ideal. Ich plädiere ansonsten fürs rechteckige Format. Hauptsache robust: So hält er jede Kinderparty aus und ist trotzdem gut für ein Candlelight-Dinner.

8. Ein Fenster ist in der Küche einfach unentbehrlich: So fällt nicht nur Tageslicht ein, sondern Sie sparen sich vielleicht sogar die Dunstabzugshaube, weil die Küchendämpfe auf natürliche Weise entschwinden können.

9. Eine Speisekammer – früher meist an der Nordwand der Küche gelegen – ist heute leider die Ausnahme. Ein Kühlschrank ist durch die verschiedenen Temperaturzonen dafür vielseitiger nutzbar, noch dazu, wenn er über ein Gefrierfach mit mehreren Schubladen verfügt.

10. Ich mag einfache Tischaccessoires: Weiße Tischdecken aus Baumwolle oder Leinen, dazu passende Servietten, cremefarbene Kerzen, eine Vase mit ein, zwei Rosen aus dem Garten – mehr braucht man nicht für eine festliche Tafel – außer natürlich einem leckeren Mahl.

BOSCH

Preiswert und modern

WIE SIE AUS MDF-PLATTEN GANZ EINFACH EINE PRAKTISCHE, SCHICKE KÜCHE ZAUBERN.

Markenküchen mit einer prestigeträchtigen Edeloptik sind oft unerschwinglich. Die angesagte Alternative heißt MDF: mitteldichte Faserplatte. Sie ist praktisch, relativ preiswert und vielseitig einsetzbar. Die formstabilen MDF-Platten bestehen aus Holzfasern, die mit Leim verdichtet werden. Das Material ist gut zu verarbeiten, die Oberfläche kann beschichtet, gebeizt oder lackiert werden. Küchenmöbel in Standardformaten – Korpus, Fronten und Einlegeböden – bekommen Sie in großen Einrichtungshäusern und Baumärkten. Der Korpus ist die Basis für die individuelle Ausstattung mit Türen und Schubladenelementen. Achten Sie beim Aufmaß auf bestehende Wasser- und Elektroanschlüsse.

In kleinen Küchen beschränkt man sich oft auf eine Zeile mit Arbeitsplatte, Ober- und Unterschränken, Spüle, Kühlschrank und Herd. In den meisten Haushalten reicht diese einfache Kombination völlig aus.

Das brauchen Sie

- **Küchenelemente aus MDF inklusive Schubladen**
- **Edelstahlspülbecken mit Armaturen**
- **Metallstange nach Maß**
- **Weiß gestrichenes Holzregal**
- **Fliesenschild aus weißen, rechteckigen Fliesen**
- **Mit wasserabweisender Farbe weiß gestrichene Wände**
- **Stabverleimte Holzarbeitsplatte**
- **Hängelampen mit Glasschirmen im Industriedesign**

So geht's

EINE KÜCHE AUFBAUEN

* Nehmen Sie sich Zeit und brechen Sie nichts übers Knie.
* Schaffen Sie ausreichend Platz zum Aufbauen der Küche.
* Legen Sie alle Werkzeuge bereit, bevor Sie anfangen.
* Packen Sie alle Einzelteile vorsichtig aus; prüfen Sie, ob alles vollständig und unbeschädigt ist.
* Ordnen Sie vor der Montage sämtliche Einzelteile zu.
* Wenden Sie bei der Montage nie Gewalt an. Vielleicht haben Sie ein Teil verwechselt oder nicht in der richtigen Reihenfolge gearbeitet.
* Ziehen Sie erst zum Schluss alle Schrauben fest, um ein irreparables Malheur zu vermeiden.

Machen Sie einen Vergleich zwischen verschiedenen Anbietern: Für die Ausstattung mit Edelstahlspülen, Armaturen und Keramikfliesen gibt es auch in der weniger hochpreisigen Liga eine große Auswahl von guter Qualität.

In der hier gezeigten Küche wurde ein einfaches Kiefernholzbrett mit strapazierfähigem Mattlack weiß gestrichen und in Augenhöhe auf Konsolen gesetzt. So sind Kochutensilien und Geschirr immer direkt griffbereit. An der Unterseite ist mit einfachen Rundhaken eine auf Maß zugesägte Metallstange befestigt, an den Metzgerhaken hängen Kellen, ein Seiher und andere Küchenutensilien. Inzwischen sind solche Relings recht verbreitet. Die Anregung dazu kommt aus der Profiküche.

Damit die Spritzer vom Tomatensugo keine Spuren hinterlassen, ist die Wand über den Fliesen mit wasserabweisender weißer Farbe gestrichen und ist einfach abwaschbar.

Die stabverleimte Arbeitsplatte hat eine schöne Haptik und ist praktisch. So eine Platte bekommen Sie ebenfalls im Baumarkt und sie ist leicht zu montieren. Damit sie topp gepflegt bleibt, sollten Sie sie vor dem ersten Gebrauch leicht anschleifen und mit Lack versiegeln oder regelmäßig mit Öl einlassen.

Klarer Klassiker

GRÜNE UND BLAUE PASTELLTÖNE, STÜHLE VOM TRÖDLER UND STOFFE MIT PUNKTMUSTER SETZEN MODERNE AKZENTE IN OMAS KÜCHE.

In der Küche meiner Oma steht eine riesige Anrichte, auf der sich die Teller stapeln. Daneben hängen die Rezepte von anno dazumal, Geschirrhandtücher und sogar die Hundeleine. Das ist total gemütlich! Kein Wunder, dass diese Art von Retro-Look in unseren stressigen Zeiten wieder so gefragt ist.

In meinem eigenen Haus ist die Küche zum Glück großzügig geschnitten. Vor 70 Jahren richtete hier noch das Dienstmädchen den Fünf-Uhr-Tee für ihre Herrschaft! Ich habe die Küche in einem sanften seidenmatten Grün gestrichen, es ist ein moderner Farbton, der mich aber zugleich an vergangene Zeiten erinnert. Auch Creme, Sandfarbe und Grau schaffen eine schöne Art von Nostalgie in der Küche. Und die Textur der Farbe ist wichtig: Matte, kreidige Oberflächen wirken besonders altmodisch. Farbe kann Wände und Möbel zu einem Ensemble verschmelzen lassen. In diesem Beispiel wurde das Mobiliar seidenmatt lackiert und die Wände sind im selben Farbton mit Dispersionsfarbe gestrichen.

Wenn Sie so eine durch und durch heimelige, aber stilvolle Küchenatmosphäre schaffen wollen, brauchen Sie aber nicht unbedingt eine Anrichte. Toll sieht auch ein robuster Holzschrank mit Schubladen aus. Schauen Sie sich in Antiquitätenläden oder auf dem Flohmarkt nach alten Schul- und Büromöbeln oder Anrichten ohne Aufsatz um. Streichen Sie alles im selben Farbton, damit die einzelnen Teile zueinander passen.

Dazu passen natürlich neu lackierte Stühle vom Trödler. (Wie bei allen alten Holzmöbeln achten Sie aber auch hierbei darauf, keine wurmstichigen Exemplare zu erwerben!) Für Tischdecken, Vorhänge und Schürzen passen Stoffe mit Streifen- oder Blumenmuster, Karos oder Punkten. Wählen Sie einfaches weißes Geschirr, und kombinieren Sie es mit Blechdosen in verwandten Farbschattierungen zum Unterbringen trockener Vorräte.

Anstrichmängel

FREMDKÖRPER Gründliche Reinigung vor dem Lackieren verhindert auch, dass Partikel in die Farbe gelangen. Nach dem Trocknen den Gegenstand anschleifen und erneut lackieren.
TROPFEN UND NASEN entstehen, wenn zu viel Farbe an Pinseln oder Rollen haftet oder der Lack nicht gleichmäßig verteilt wird. Trocknen lassen, glattschleifen, neu lackieren!
BLASEN entstehen, wenn das Holz noch zu viel Feuchtigkeit enthält. Blasen entfernen, verspachteln, abschmirgeln und noch mal streichen. Sind zu viele Blasen entstanden, alles neu lackieren.
FALTEN entstehen, wenn Glanzlack zu dick aufgetragen wird oder die Oberfläche schlecht vorbereitet war. Abbeizen, schmirgeln und neu lackieren.
ABBLÄTTERNDE FARBE Nur auf gut vorbereitetem Untergrund hält der Anstrich lange. Aber auch Feuchtigkeit, Frost oder Hitze führen zu Schäden. Da hilft nur abschleifen und neu lackieren.

Das brauchen Sie

* **Hellgrün gestrichene Wände**
* **Anrichte aus Holz, in der Farbe der Wand seidenmatt lackiert**
* **Weiß gestrichener Dielenboden**
* **Küchenstühle vom Trödler, in Pastellblau seidenmatt lackiert**
* **Tischdecke aus gepunktetem Baumwollstoff**
* **Gepunktete Schürze**
* **Gut erhaltene, stapelbare Keksdosen vom Flohmarkt**

Die Profiküche zu Hause

FÜR VIELE HOBBYKÖCHE IST EDELSTAHL IN DER PRIVATEN KÜCHE HEUTE GENAUSO UNENTBEHRLICH WIE IN RESTAURANTKÜCHEN.

Edelstahl ist robust und sehr funktionell, darum kommt für Restaurant- und Hotelküchen, von der Spüle bis zum Kochtopf, praktisch kein anderes Material infrage. In der privaten Küche empfiehlt sich Edelstahl für Spülen, Regale und Arbeitsflächen.

Neue Edelstahlelemente für die Küche sind meist sehr hochwertig, allerdings auch teuer. Es gibt aber Händler, die auf den Verkauf von gebrauchten Restaurantküchen spezialisiert sind. Schauen Sie ins Branchenverzeichnis: Vielleicht haben Sie Glück und können ein Schnäppchen machen.

Wenn Sie kein Vermögen ausgeben wollen, aber Wert auf Funktionalität legen, lassen Sie sich von einem Hersteller für Großküchen eine Maßküche anfertigen. Der robuste, schlichte Look hat einen ganz eigenen Charme. Die Edelstahl-Küchenzeile auf dem Bild links steht im Haus eines Konditormeisters und ist echte Maßarbeit.

Eine Besonderheit einer professionellen Küchenzeile sind flache Schubladen für Tassen und Besteck. Das Spülbecken ist so tief wie in Restaurantküchen, um große Töpfe und riesige Tellerstapel problemlos zu spülen. Sie können die Arbeitsfläche vergrößern, indem Sie sich ein Brett auf Maß zuschneiden lassen und über die Spüle legen.

Die Wandregale werden von dreieckigen Konsolen getragen und bieten genug Platz für Töpfe, Kasserollen und die Küchenmaschine, mit der der Meister leckeren Teig für seine Kuchen und Torten rührt. Der große Vorteil einer solchen Maßanfertigung liegt darin, dass Sie alles auf Ihre Größe anpassen lassen können. So bekommen Sie eine Arbeitsfläche in wirklich ergonomischer Höhe.

Achten Sie auch beim Anbringen der Regale darauf, dass Sie Dinge, die Sie täglich brauchen, gut erreichen können.

In die Decke über der Arbeitsfläche sind Halogenlampen eingelassen. Der Fußboden wurde mit pflegeleichtem Linoleum ausgelegt. Der Gasherd und ein großer Holztisch liegen direkt gegenüber der Spüle – so entsteht das für alle Arbeitsabläufe in der Küche ideale Arbeitsdreieck.

Scharfe Substanzen, Bleichmittel, bestimmte Reinigungsmittel und Salz können Edelstahloberflächen angreifen. Mit ein paar Spritzern Zitronensaft wird das Metall aber wieder spiegelblank. Ärgern Sie sich nicht wegen ein paar Flecken – die lassen sich bei der täglichen Küchenarbeit einfach nicht vermeiden.

Das brauchen Sie

- **Leicht rosa abgetönte Dispersionsfarbe**
- **Küchenunterschränke und Regalböden aus Edelstahl**
- **Vanillefarbenes Linoleum für den Fußboden**
- **Halogenleuchten über dem Arbeitsbereich**
- **Zusammenklappbares Abtropfgestell aus Holz**
- **Töpfe und Pfannen mit Sandwichboden**

So geht's

LINOLEUM VERLEGEN Linoleum können Sie auf jedem glatten, festen Untergrund verlegen. Das Wichtigste: Er muss sauber, trocken und eben sein. Zur Trittschalldämmung eventuell eine Unterlage aus Korkment aufbringen. Anschließend das Linoleum mit passendem Kleber vollflächig verkleben. Wischen Sie den Linoleumboden nach dem Verlegen, aber nicht mit heißer Lauge. Dadurch kann die Oberfläche beschädigt werden. Nach dem Trocknen tragen Sie eine Schicht warmes Wachs auf – das ist der mühsame Part, denn hier ist Handarbeit angesagt. Um abgenutzte Wachsschichten zu erneuern, geben Sie etwas wachshaltiges Pflegemittel ins Wischwasser.

Bauernküche ohne Kitsch

SCHRANKTÜREN AUS NUT-UND-FEDER-BRETTERN, EINFACHE ACCESSOIRES UND EIN RUSTIKALER HOLZTISCH: DIE WICHTIGSTEN ZUTATEN FÜR DIE KÜCHE IM LANDHAUSSTIL.

Es gibt Romantiker, die sich am liebsten einen alten Kohleherd in die Küche stellen und der darüber aufgehängten Wäsche beim Trocknen zusehen. Können Sie dem traditionellen Bauernhausfeeling wenig abgewinnen, versuchen Sie es doch einmal mit einer moderneren, reduzierten Variante des Landhausstils, ganz gleich, ob Sie nun am Ende der Welt wohnen oder zwischen China-Imbiss und Pommesbude.

Eine schlichte L-förmige Küchenzeile mit Schranktüren aus Nut-und-Feder-Paneelen, wie in diesem Beispiel, wirkt rustikal aber nicht kitschig. Töpfe, Pfannen, Reinigungsmittel und Vorräte verschwinden hinter den Schranktüren. Die einfache Kombination aus Herd, Spüle und Geschirrspüler ist über Eck in die Küchenzeile integriert. Das Geschirr ist im flachen, doppeltürigen Hochschrank untergebracht. Ein Schrank mit Standardtiefe würde zu weit in den Raum ragen und vor der Terrassentür viel zu klobig wirken. Unter dem Fenster ist die Spüle eingelassen. Nehmen Sie in so einem Fall genau Maß, bevor Sie die Armaturen besorgen: Der Wasserhahn darf nicht zu hoch sein, damit das Fenster noch zu öffnen ist.

Die Arbeitsplatte aus unpoliertem, cremefarbenem Marmor fügt sich hervorragend in das schlichte, natürliche Ambiente ein. Auch die Terrakottafliesen – mit mehreren Schichten Leinöl versiegelt, damit Rotwein, Olivenöl und andere Flüssigkeiten keine Spuren hinterlassen können – sind typisch für den Landhausstil: raue Oberfläche, erdige Farbe und hohe Strapazierfähigkeit.

Optisch vervollständigt wird dieser Stil durch den soliden Tisch aus Kastanienholz mit abnehmbarer Platte, die weiß lackierten Klappstühle, die man bei gutem Wetter auch draußen benutzen kann, Glasbehälter zur Aufbewahrung von Reis, Nudeln und Müsli sowie das hohe Zinkgefäß mit duftenden Tuberosen.

Das brauchen Sie

- **Unterschränke mit weiß lackierten Paneeltüren**
- **Weiß gestrichene Wände**
- **Terrakottafliesen für den Fußboden**
- **Arbeitsplatte aus Marmor**
- **Offenes Regal**
- **Vorratsbehälter aus Glas**
- **Tisch aus Kastanienholz, an dem bis zu zehn Leute Platz finden**
- **Weiße Klappstühle aus Holz und Metall**
- **Weiße Tuberosen, die Sommerduft ins Haus bringen**

So geht's

REGALE ANBRINGEN

* Mit der Wasserwaage und einem Bleistift Bohrlöcher markieren.
* An den markierten Stellen Löcher in die Wand bohren.
* Passende Dübel in die Löcher stecken. Achten Sie darauf, dass sie bündig mit der Wandoberfläche abschließen.
* Stabile Winkel mit Schrauben in der richtigen Länge und Stärke befestigen.
* Regalbrett auflegen und an den Winkeln festschrauben.

Frisches Blau und leuchtendes Weiß

GENIESSEN SIE IHRE MAHLZEITEN IN EINEM SCHLICHTEN, BLAU-WEISSEN ESSZIMMER.

Esszimmer sind die Kulisse für kulinarische Genüsse, ich finde, sie sollten so schlicht wie möglich sein: Weiße Wände und Holzdielen, blau-weiß gestreifte Rollos, einfaches weißes Geschirr und Gläser ohne Schnörkel bringen die Köstlichkeiten aus der Küche erst richtig zur Geltung.

Die gewachsten Dielen lassen den Raum großzügig wirken, außerdem sind sie pflegeleicht. Anders als bei Parkett schaden auch ein paar Kratzer oder Macken der Optik nicht.

Solche einfachen Stühle aus Buche im Design der 60er-Jahre sind inzwischen so heiß begehrt, dass der Internethandel damit blüht. Diese hier habe ich für einen Apfel und ein Ei bei verschiedenen Trödlern erstanden, die den Wert der Stühle nicht kannten.

Die blau-weiß karierte Baumwolltischdecke wirkt frisch und ist schnell selbst genäht. Wenn Sie der Meinung sind, dass Ihre Stühle auch ein neues Kleid gebrauchen könnten, fertigen Sie doch einfache passende Überzüge an.

Narzissen und Amaryllis gibt es beim Blumenhändler schon vor Frühjahrsbeginn günstig zu kaufen. Sie bringen selbst bei Wind und Wetter einen Hauch von Frühling ins Haus, während warmes Kerzenlicht die Stimmung hebt und einfach inspirierend wirkt.

Das brauchen Sie

* **Weiß gestrichene Wände**
* **Gewachsten Holzdielenboden**
* **Blau-weiß gestreifte Baumwollrollos**
* **Weiß lackierten Holztisch**
* **Esszimmerstühle im Stil der 60er-Jahre**
* **Blau-weiß karierte Tischdecke**
* **Kerzen**
* **Amaryllis und Narzissen**

So geht's

HOLZBODEN ABSCHLEIFEN

* Planen Sie dafür ein langes Wochenende ein; ein Tag reicht nicht.
* Alle Möbel aus dem Zimmer räumen und den Boden reinigen.
* Schleifmaschine, Rand- und Eckenschleifer ausleihen.
* Schutzbrille und Mundschutz besorgen!
* Alle Nägel aus dem Boden ziehen.
* Erst den Grobschliff, dann den Feinschliff ausführen.
* Die Schleifmaschine sorgfältig im selben Tempo über alle Dielen führen.
* Immer mit der Holzmaserung schleifen, nie quer dazu.
* Ränder und Ecken mit Rand- und Eckschleifer bearbeiten.
* Boden saugen und wischen; anschließend ölen, wachsen oder lackieren.

Schlafen

IN 10 SCHRITTEN ZU EINEM TRAUMHAFTEN SCHLAFZIMMER

1 Wählen Sie für Schlafräume eine Farbe, die Ruhe ausstrahlt. Helle Grau- und Lavendeltöne oder sanfte Blau-, Grün- und Cremetöne sind hier eine gute Empfehlung.

2 Weiche Bettwäsche: Decken und Kissen mit Daunenfüllung halten schön warm und sorgen für einen wohligen Schlaf.

3 Das Leben ist zu kurz, um die Zeit mit dem Bügeln von Bettwäsche zu verschwenden. Lassen Sie Bettwäsche im Freien trocknen oder hängen Sie angetrocknete Wäsche einfach glatt über die Heizung. Bettwäsche aus Leinen oder Halbleinen ist frisch und kühl, aber nicht billig.

4 Kalte Füße am frühen Morgen mag wohl niemand. Legen Sie einen kleinen Baumwollläufer oder eine Matte aus Naturfasern vors Bett, wenn Sie fürs Schlafzimmer nicht ohnehin Teppichboden gewählt haben.

5 Schaffen Sie sich eine hochwertige Matratze an. Besonders rückenfreundlich sind Taschenfederkern- und Latexmatratzen. Wählen Sie den Härtegrad, der ihrem Gewicht entspricht und wenden Sie die Matratze regelmäßig, damit sich keine Kuhlen bilden. Für Allergiker sind Wasserbetten gut geeignet.

6 Umgeben Sie sich mit Dingen, die beruhigen. Legen Sie angenehm duftende Lavendelsäckchen in den Schrank. Wärmflaschen in kuscheligen Hüllen sind im Winter eine Wohltat, und auch im Backofen erhitzte Kirschkernsäckchen sind eine Alternative zur Heizdecke.

7 Kaufen Sie sich ein großes Bett, selbst für kleine Räume. Gönnen Sie sich eine möglichst große Relax-Insel. Falls Sie dafür Stauraum opfern müssen, nutzen Sie den Platz unter dem Bett für Schübe und Boxen.

8 Ein Nachttisch für Bücher, Wecker und eine kleine Vase mit Tulpen, Rosen oder Gartenkräutern sollte neben jedem Bett stehen. Nachttischlampen mit Rüschen und Schleifen haben gerade ein Comeback – je verspielter, desto besser (siehe S. 150–151).

9 Besonders im Schlafzimmer ist Ordnung wichtig. Mit Einbauschränken, Regalen und Kisten schaffen Sie klare Verhältnisse. Statt in einem frei stehenden Schrank können Sie Ihre Kleidung auch in Regalen hinter einem Vorhang unterbringen.

10 Gerade wer einen leichten Schlaf hat, weiß dichte, verdunkelnde Vorhänge zu schätzen. Sie verhindern, dass zu viel Morgenlicht ins Zimmer dringt. Rollos aus hellerem Stoff sorgen für diffuses Licht, das eine intime Atmosphäre erzeugt. Und Vorhänge mit Schlaufen sind einfach selber zu nähen (siehe S. 146–147).

Unterm Dach

WEISS RÜCKT JEDEN RAUM INS RECHTE LICHT.

Dachböden sind für mich ein Geschenk des Himmels, vor allem dann, wenn die Gewohnheiten und der Musikgeschmack der Teenager nicht mit denen der übrigen Familienmitglieder übereinstimmen.

Wenn Sie den Speicher zum Schlafzimmer ausbauen möchten, gibt es zunächst zwei zentrale Aufgaben: Lassen Sie Statik und Qualität des Fußbodens vom Fachmann überprüfen. Unter Umständen müssen Balken ausgetauscht und neue Dielen verlegt werden.

Das zweite Thema ist eine gute Dachisolierung. Sie können den Raum zwischen den Sparren mit Mineralwolle oder Styroporplatten dämmen und anschließend Rigipsplatten aufschrauben. Deckenspots oder ein zusätzliches Dachfenster verbessern die Lichtverhältnisse erheblich. Für manche Eingriffe brauchen Sie eine Baugenehmigung.

Dieses coole Teenagerzimmer wurde komplett mit Holzpaneelen verkleidet. Es wirkt wie ein Bootshaus und greift damit das Hobby des 16-jährigen Bewohners auf, der gerne auf dem nahe gelegenen Fluss rudert. Im Rahmen der Dachbodenrenovierung wurden ein doppelt verglastes Fenster und zusätzliche Lampen eingebaut.

Weiß beherrscht den Raum: Wände und Decken sind seidenmatt lackiert, die Dielen mit spezieller Fußbodenfarbe gestrichen. Das ist nicht nur ein Stilmittel: Weiß lässt den Raum auch größer und heller erscheinen. Das ist hier wegen des geringen natürlichen Lichteinfalls von großem Vorteil.

Das brauchen Sie

* **Mit Holzpaneelen verkleidete Wände, weiß lackiert**
* **Weiß gestrichener Dielenboden**
* **Holzbett im Schwedenstil**
* **Blau-weiß gestreifte Bettwäsche**
* **Husse mit Knopfverzierung für den Sessel**
* **Ein pflegeleichter weißer Flickenteppich**

So geht's

VOR DEM LACKIEREN

* Ist der alte Lack beschädigt oder blättert ab, lösen Sie die Farbe ab: mit einem Schleifgerät (Vorsicht, Staubattacke), einer Heißluftpistole (sicherer und besser geeignet für große Flächen) oder einem chemischen Abbeizer (teuer und oft giftig, aber für kleine Flächen und Leisten sehr gut geeignet).
* Bessern Sie Löcher und Risse mit Holzkitt aus.
* Holz mit Wasser und etwas Reinigungsmittel abwaschen, leicht anschleifen und absaugen.

Frei und gelassen

CLEVERE LÖSUNGEN SORGEN IM SCHLAFZIMMER FÜR ORDNUNG.

Ich habe viele schlechte Angewohnheiten – so kann ich weder Brot in gleichmäßige Scheiben schneiden, noch kann ich mich dazu aufraffen, meine Klamotten gleich wegzuräumen. Also türmt sich auf meinem Schlafzimmerstuhl regelmäßig ein riesiger Kleiderhaufen. Die Zeit, die ich fürs Aufräumen verschwende, geht von meinem geheiligten Samstagmorgen ab, den ich am liebsten mit Toast und starkem Kaffee im Bett verbringe. Umso dankbarer bin ich für einen sehr geräumigen Schrank, in dem alles schnell und unauffällig verschwindet.

Ist mein Schlafzimmer aufgeräumt, erwache ich befreit und kann viel klarer denken, als wenn sich mir schon am frühen Morgen ein Bild des Chaos bietet.

In die Schmalwand des Raumes wurden Einbauschränke eingepasst, deren geringe Tiefe (nur 45 cm) verhindert, dass sie optisch zu sehr ins Bild rücken. Im rechten Winkel zur Rückwand sind Vorhangstangen angebracht, an denen ich Kleiderbügel aufhängen kann. Rahmen und Türen bestehen aus 2,5 cm dicken Spanplatten. Die erhabenen Leisten, die den Türen die klassische Optik verleihen, sind 1 cm stark. Sind Spanplatten erst einmal grundiert und dreifach lackiert, sind sie von Massivholz kaum noch zu unterscheiden. Auch auf den Schränken ist noch Platz, etwa für dekorative Körbe zur Aufbewahrung.

Der Innenraum wird durch Hängeregale aus Stoff optimal genutzt, in denen sich Socken, Krawatten und kleine Accessoires verstauen lassen. Unten im Schrank ist Platz für ein kleines Schuhregal. Damit Ihre Wollpullover nicht von Motten aufgefuttert werden, schützen Sie sie mit stabilen Kleidersäcken aus Plastik und hängen Sie Zedernholz in den Schrank – es schreckt Motten auf ökologische Weise ab.

Das brauchen Sie

* **Weiß lackierte Einbauschränke**
* **Weiß gestrichene Dielen**
* **Weiß gestrichene Gardinenstange**
* **Schlaufenvorhang aus blau-weißem Matratzenstoff (siehe S. 146–147)**
* **Weißes Baumwollrollo**
* **Weißen Sesselbezug (siehe S. 132–135)**
* **Kissenbezug im Patchworkmuster**

So geht's

HOLZ STREICHEN

* Astlöcher vor dem Grundieren mit Schellack ausbessern.
* Risse und Löcher mit Spachtelmasse füllen.
* Auf Weichholz, das der Witterung ausgesetzt war, abgebeiztes Holz, Hartholz, fleckiges Holz und Holz, das mit Holzschutzmittel behandelt wurde, ggf. speziellen Holzschutzgrund auftragen. Anschließend einen Voranstrich und ein oder zwei Deckanstriche aufbringen.

Moderne Blumenmuster

FARBAKZENTE UND STOFFE VERWANDELN DAS GÄSTEZIMMER IN EINE WOHLFÜHL-OASE.

Tapezieren gilt heute nicht mehr als Todsünde. Dekorieren Sie eine Wand im Raum einfach mit einer fantastischen Blumentapete. Das bringt Farbe und Muster ins Spiel und ist nicht zu dominant. Oft kommen große Muster in kleinen Räumen gut zur Geltung. Hier ist eine Wand mit pinkfarbenen Rosen übersät – dennoch wirkt das Gästezimmer nicht im Geringsten altmodisch.

Das Geheimnis liegt in der Kombination mit frischen, modernen Elementen: einem schlichten Bett mit einem frechen, pinkfarbenen Laken und einem kuscheligen, blau gefärbten Überwurf. Ein gepolstertes oder verschnörkeltes Betthaupt wäre hier fehl am Platz. Akzente setzen das mit limonengrünem Samtband verzierte Rollo, eine Lampe mit pinkfarbener Borte und der Frisiertisch mit einer Schabracke aus fließendem, weißem Stoff mit farbig abgesetzter Borte.

Umgeben von harmonischen Farben und schönen Accessoires, fühlen sich Ihre Gäste wie zu Hause. Möblieren Sie das Gästezimmer mit einem Nachttisch, einem kleinen Lehnstuhl mit Husse und einem Tisch. Sorgen Sie außerdem für genug Platz zum Aufhängen der Kleidung.

Wer einen anstrengenden Tag hinter sich hat, für den sind Blumen Erholung pur. Es muss kein großer Strauß sein: Eine Vase mit drei Tulpen oder einer einzigen herrlichen Rose reicht schon. Dazu der warme Schein einer schönen Nachttischlampe, ein Krug Wasser, Lektüre und frische weiße Handtücher – was will man mehr?

Wurde das Zimmer länger nicht benutzt, lüften Sie es gründlich. Drehen Sie im Winter die Heizung rechtzeitig auf, damit Ihre Gäste es gleich wohlig warm haben.

Das brauchen Sie

- **Blumentapete für die Wand**
- **Ein lackierter Tisch mit Musselin-»Rock« (siehe S. 126–127)**
- **Raffrollos mit aufgesteppter grüner Borte**
- **Pink gefärbtes Baumwoll-Betttuch (siehe S. 148–149)**
- **Gefärbte Baumwolldecke**
- **Nachttischlampe mit pinkfarbener Rüsche (siehe S. 150–151)**

So geht's

TIPPS FÜRS TAPEZIEREN

- Prüfen Sie die Seriennummern und alle Rollen auf Farbabweichungen und Fehler hin.
- Die Wände müssen sauber, glatt und trocken sein.
- Entfernen Sie Farbreste von den Wänden (anlaugen oder schleifen).
- Lösen Sie schadhaften Putz, füllen Sie Löcher mit Spachtelmasse und lassen Sie die Wände vollständig trocknen.
- Neu verputzte Wände sollten vor dem Tapezieren einige Wochen austrocknen.
- Streichen Sie die Wand mit Sperrgrund, darauf haftet die Tapete besser.
- Lassen Sie die eingekleisterte Tapete vor dem Aufbringen kurze Zeit einweichen.

Himmlische Ruhe

NATÜRLICHE MATERIALIEN UND SANFTE NATURTÖNE SORGEN FÜR WOHLIGE ENTSPANNUNG.

Sanfte, helle Erd- und Pflanzentöne wirken beruhigend und eignen sich daher wunderbar für Schlafräume. Wände und Möbel in diesem hübschen Schlafzimmer, das hier im Licht der Morgensonne fotografiert wurde, wurden mit verschiedenen Abtönungen desselben Farbtons gestrichen: die Wände mit Dispersionsfarbe, das Himmelbett, ein Eigenbau im Shaker-Stil, mit mattem Holzlack.

In diesem Ambiente mit Naturtönen wirkt das weiße Bettzeug frisch und luftig und harmoniert mit den Möbeln und Accessoires. Weitere natürliche Elemente wie geflochtene Seegras- oder Kokosmatten und ein einfaches Wasserglas mit Blumen auf dem Nachttisch geben diesem ruhig gestalteten Schlafparadies den letzten Schliff.

Das brauchen Sie

- **Hell-salbeigrün gestrichene Wände**
- **Terrakottafliesen für den Fußboden**
- **Matten aus Naturfasern**
- **Himmelbett, abgeschliffen und lackiert**
- **Stuhl (vom Trödler), abgeschliffen und lackiert**
- **Verstellbare Metallleuchte im Retro-Look**
- **Lavendelwasser zum Besprenkeln der Bettwäsche**

Weitere Tipps für den Umgang mit Farbe

- Wickeln Sie Pinsel in Frischhaltefolie ein, wenn Sie eine Pause machen.
- Bewahren Sie Pinsel über Nacht in Wasser oder Pinselreiniger auf. Stecken Sie dafür einen Spieß durch ein Loch im Pinselstiel und legen Sie ihn über den Rand eines halb mit Wasser gefüllten Glases, damit die Borsten nicht leiden und die Zwinge nicht rostet.
- Streifen Sie Pinsel nach dem Streichen an Zeitungspapier ab und waschen Sie sie mit Wasser oder Pinselreiniger aus. Nachspülen und trocknen lassen.
- Malerrollen reinigt man von Dispersionsfarbe, indem man sie so lange unter fließendes Wasser hält, bis das Wasser klar bleibt. Bei Kunstharzlacken überschüssige Farbe auf Zeitungspapier abstreichen und Pinselreiniger verwenden. Anschließend trocknen lassen.
- Eingetrocknete Pinsel 30 Minuten mit den Borsten in etwas kochendes Essigwasser stellen. Dann reinigen, ausspülen und trocken schütteln.

Rückzugsort

GRELLE DECKENBELEUCHTUNG IST IM SCHLAFZIMMER FEHL AM PLATZ. DAS A & O FÜR EIN UMFASSENDES WOHLGEFÜHL SIND HIER EINE GUTE MATRATZE UND FRISCHE BAUMWOLLBETTWÄSCHE.

Nach einem anstrengenden Tag gibt es nichts Schöneres, als sich ins gemütliche Schlafzimmer zurückzuziehen. Ich liebe es, mich mit einer Schachtel Pralinen und spannender Lektüre ins Bett zu legen. Meine Idealvorstellung ist zwar kein Traum aus Samt und Seide, sondern reduziert und modern, dewegen aber nicht minder verführerisch.

Egal wie viel oder wie wenig Platz Sie haben: Sogar die winzigste Kammer lässt sich mit einem Diwan, einem passenden Überwurf und Kissen schön gestalten. Das Farbschema in diesem Beispiel basiert auf pfefferminzgrün gestrichenen Wänden und rosaroten Accessoires und sorgt für eine fröhliche, mädchenhaft-zarte Atmosphäre. Unter dem Moskitonetz entsteht ein wenig Zeltromantik – und der Rest der Welt kann draußen bleiben.

Altmodische Bettgestelle aus Metall sehen in zartem Rosarot einfach hinreißend aus. Bereits lackierte Gestelle müssen abgeschliffen, grundiert und anschließend zweimal mit seidenmattem Lack gestrichen werden, damit die Farbe gut deckt und hält.

Das brauchen Sie

* **Pfefferminzgrün gestrichene Wände**
* **Moskitonetze aus Polyester oder Baumwolle**
* **Klapptisch**
* **Plissee-Lampenschirm aus Papier**
* **Bedruckte Baumwollbettwäsche**
* **Schlichte Metallbettgestelle, rosarot lackiert**

Streichen Sie den Papierlampenschirm in mehreren Schichten mit Dispersionsfarbe. Das Nachttischchen – ein einfacher Klapptisch aus der Gartenabteilung eines Baumarktes – wird mit einer Allzweckgrundierung vorbehandelt und dann zweimal mit seidenmattem Lack gestrichen. Übrigens am besten in Weiß, denn zu viel Rosa kann aufdringlich wirken.

Für den romantischen Betthimmel brauchen Sie feinstes Polyester- oder Baumwollgewebe, das Sie auf einen Reifen aufziehen und mit einem Haken an der Decke befestigen. Und in schwülwarmen Sommernächten schützt das Zeltdach noch dazu vor lästigen Mücken.

Für das Tüpfelchen auf dem »i« sorgt die hübsche, mädchenhafte Baumwollbettwäsche, z. B. mit einem nostalgischen Blumenmuster in Rosarot und Grün. Jetzt fehlen nur noch Berge von Kissen für die Prinzessinnen ...

So geht's

VOR DEM STREICHEN

* Räumen Sie das Zimmer vor dem Streichen möglichst vollständig aus.
* Größere Möbel in die Raummitte schieben und abdecken. Den Boden mit Zeitungspapier oder Folie auslegen.
* Tür- und Fenstergriffe abschrauben.
* Bereiten Sie dann alle Oberflächen, die gestrichen werden sollen, nacheinander vor: erst die Decke, dann die Wände und zum Schluss Holz- und Metallteile. Nehmen Sie sich für diesen Arbeitsschritt Zeit: Sorgfältige Vorbereitung ist das beste Rezept für ein gutes Ergebnis. Das Streichen selbst geht dann ganz schnell.
* Auf Seite 18 finden Sie weitere Anregungen.

Der kleine Unterschied

»Bunt gemusterte Bettwäsche macht aus Ihrem Schlafzimmer einen völlig neuen Raum!«

Schlafen Sie gut!

Wenn Sie die Wirkung Ihres Schlafzimmers im Nu verändern wollen, genügt vielleicht schon ein Set neuer, bunter Bettwäsche. Idealerweise natürlich passend zum Stil des Zimmers. Wenn Sie also einen klaren, schlichten Look bevorzugen, brauchen Sie Ihr Bett nicht unbedingt in ein wogendes Blütenmeer zu verwandeln.

In der heißen Jahreszeit wirkt weißes Bettzeug aus Baumwolle oder Leinen angenehm kühlend. Bei den Laken lohnt es sich durchaus, etwas tiefer in die Tasche zu greifen: Besonders zu empfehlen sind Laken aus 100 Prozent ägyptischer Baumwolle in dicht gewebter, schwerer Qualität. Wer reines Leinen bevorzugt, kann auf Flohmärkten echte Schnäppchen machen.

Bettbezüge mit einem schlichten blau-weißen Streifenmuster und blassblaue Laken zaubern besonders im Sommer Frische in jedes Schlafzimmer.

Naht der Winter, wird es Zeit für wärmere Decken und weichere Materialien. In nostalgischer Biber- oder Flanellbettwäsche in kräftigen Farben fühlen sich Erwachsene genauso wohl wie Kinder.

Ein dekoratives Highlight sind Überwürfe und Wolldecken. Sind sie flauschig und warm, machen sie leichtere Oberbetten winterfest. Es lohnt sich, auf Flohmärkten oder in Wäscheschränken von Omas und Tanten zu stöbern.

In jedem Fall sind langlebige Naturfasern eine gute Investition. Sehr luxuriös sind natürlich Kaschmir und Kaschmir-Mischgewebe.

Warme, kuschelige Winterbetten gibt es mit verschiedenen Füllungen und in unterschiedlichen Qualitäten: Entenfedern, Gänsedaunen oder – äußerst kostspielig – echte Eiderdaunen. Lüften Sie Ihre Federbetten bei trockenem Wetter regelmäßig am offenen Fenster.

Waschen

IN 10 SCHRITTEN ZUM WELLNESS-BAD

1 Zeichnen Sie einen Plan von Ihrem Bad (siehe S. 16-17). Lassen Sie sich vom Installateur einen Kostenvoranschlag machen. Was gibt Ihr Budget her? Was ist Ihnen wichtiger: eine riesige Badewanne oder die schicken Markenarmaturen?

2 Gönnen Sie sich pflegende Seifen und duftende Lotionen. Verwöhnen Sie sich wie im Grandhotel mit Handtüchern, Badeteppichen und Morgenmänteln aus kuscheligem, weißem Baumwollfrottee.

3 Feuchtigkeitsresistente Fußböden aus Stein, Holz, Kork oder Kautschuk sind besser als Teppich oder Bodenbelag aus Naturfasern. Badematten verhindern, dass Nässe in den Dielenboden eindringt. Mehr Sicherheit im Bad bieten Fliesen mit rutschfesten Oberflächen.

4 Für die nötige Intimsphäre sorgen Spring- oder Raffrollos aus Baumwollstoffen, Halbgardinen oder Milchglasscheiben.

5 Installieren Sie einen Handtuchwärmer. Es gibt einfache Modelle für kleine Bäder und edle Design-Heizkörper. Eine Fußbodenheizung ist besonders in Kombination mit wärmespeichernden Keramikfliesen eine gute Lösung.

6 Nostalgische Armaturen mit zwei Griffen für warmes und kaltes Wasser sind für viele immer noch ein ästhetisches Muss. Mit einer Mischbatterie ist es allerdings leichter, sich ein unerwünschtes Wechselbad zu ersparen.

7 Latexfarbe ist unempfindlich gegen Spritzwasser und scheuerfest. Sie können sie in Küche und Bad einsetzen.

8 Schonen Sie Ihre Umwelt. Im Vergleich zu einem Vollbad spart eine Dusche durchschnittlich 60-70 Liter Wasser - es sei denn, Sie gehören zu den Dauerduschern. In südlichen Breitengraden lohnt sich die Installation einer thermischen Solaranlage.

9 Eine Badverschönerung im kleinen Maßstab: Ersetzen oder lackieren Sie altmodische Fliesen und schaffen Sie mehr Stauraum, z. B. mit einem großen Regalboden über der Tür, auf dem Sie jede Menge Handtücher unterbringen können.

10 Stimmt der Leitungsdruck? Ist der Boiler noch auf der Höhe der Zeit? Technisch veraltete Sanitäranlagen können das Duschvergnügen erheblich beeinträchtigen. Sprechen Sie mit einem Sanitärfachmann oder Installateur, wenn Sie die Sanitärtechnik optimieren wollen.

Schlichte Schönheit

NUT-UND-FEDER-PANEELE SORGEN FÜR BEHAGLICHKEIT IM BAD.

Verleihen Sie dem Bad eine klare Optik: In Atlbauten gibt es häufig noch über Putz verlegte Wasser- und Heizungsrohre – lassen Sie sie hinter Holzpaneelen oder Fliesen verschwinden. Verkleiden Sie die Badewanne oder ersetzen Sie das kleine Handwaschbecken durch einen Waschtisch.

Die Innenarchitektin Katrin Cargill sorgte in ihrem Londoner Reihenhaus für den angesagten Blockhaus-Look im Bad: Die Paneele bedecken alle Wände und sind mit wasserabweisendem, strapazierfähigem Lack gestrichen.

Die gute alte gusseiserne Emailbadewanne mit gewölbtem Rand und ausladenden Formen bietet Körper und Seele bei einem ausgiebigen Bad reichlich Entspannung. Auch wenn Schönheitsexperten von langen heißen Bädern abraten – die meisten von uns möchten sicher nicht auf die entspannende Wirkung von Wärme und Schwerelosigkeit nach einem harten Arbeitstag verzichten.

Apropos Emailbadewanne: Gusseiserne Wannen sind extrem schwer. Überprüfen Sie zuerst die Statik, bevor Sie so ein altes Schätzchen installieren. Eine alte, abgenutzte Badewanne können Sie entweder durch das so genannte Wanne-in-Wanne-System ersetzen oder aber mit einer Spezialbeschichtung wieder auf Hochglanz bringen lassen.

Das brauchen Sie

* **Mit Kiefernholzpaneelen verkleidete Wände, weiß lackiert**
* **Weiß gestrichener Dielenboden**
* **Frei stehende Emailbadewanne mit Klauenfüßen**
* **Verchromte Bad- und Duscharmaturen**
* **Geraffte Halbgardine aus blauem Baumwollstoff mit weißen Punkten**
* **Flauschiges Badehandtuch; Pflegeschaumbad mit ätherischen Ölen**

So geht's

WAS TUN BEI FARBFLECKEN?

* Entfernen Sie Farbkleckser nach Möglichkeit immer sofort.
* Farbflecken auf glatten Böden mit einem feuchten Lappen abwischen, solange sie noch nass sind. Auf Holz angetrocknete Farbe mit feiner Stahlwolle und Seifenwasser lösen. Stets in Richtung der Maserung reiben, mit klarem Wasser nachwischen und trockenreiben.
* Von Holz- oder Steinböden im Freien möglichst viel frische Farbe mit Pinsel, Löffel oder Zeitungspapier abheben. Reste mit trockenem Sand oder Gartenerde bestreuen und den Boden mit einer harten Bürste schrubben (bei Holz in Richtung der Maserung). Sand oder Erde aufkehren und verbliebene Flecken mit heißem Wasser und Bleichmittel nachbehandeln.
* Farbflecken auf Stoff: Dispersionsfarbe mit einem Schwamm und kaltem Wasser auswaschen. Robuste Stoffe in kaltem Wasser einweichen und in der Maschine waschen.
* Kunstharzfarbe mit Schwamm und Terpentinersatz lösen.
* Frische Farbe auf Glas mit einem Tuch und heißem Essig entfernen. Eingetrocknete Spritzer mit der Rasierklinge abschaben.

Heißes Wasser, weiße Handtücher

FLAUSCHIGE STOFFE UND WÄRME – DAS A & O IM BAD.

Sie möchten Ihr Bad erneuern, können aber nicht viel Geld ausgeben? Dann lautet das Zauberwort »Einfachheit«. Widerstehen Sie dem Hightech-Ganzkörper-Dampfduschsystem oder handgefertigten marokkanischen Fliesen aus dem neuesten Lifestyle-Magazin. Glauben Sie mir: Auch ein schlichter Waschtisch aus dem Baumarkt kann stilvoll sein. Tun Sie Körper und Seele etwas Gutes, ohne dass Ihr Konto in die roten Zahlen rutscht.

Ich habe mich an diese Maxime gehalten, als unserem schlichten Badezimmer die Renovierung bevorstand. Bei fünf Familienmitgliedern plus gelegentlichen Gästen war heißes Wasser, und zwar jederzeit und in rauen Mengen, oberste Priorität: Also ließ ich eine Etage tiefer im Hauswirtschaftsraum einen riesigen Boiler installieren. Zwar hat diese Anschaffung den Großteil des Budgets verschlungen, aber es blieb immer noch genügend Geld für Badewanne, Waschbecken und Toilette aus weißer Keramik übrig. Achtung: Pseudobarocke Schnörkel und Verzierungen aller Art wirken bei preiswerten Badgarnituren meist billig. Ich rate Ihnen unbedingt zu ganz schlichten Modellen.

Für die emaillierte Stahlbadewanne habe ich vom Schreiner eine Verkleidung aus Holzpaneelen anfertigen lassen. Dann haben wir einfache weiße Fliesen verlegt und die Wände mit speziell für Feuchträume geeigneter, weißer Dispersionsfarbe gestrichen.

Auf dem Schrottplatz entdeckte ich einen verchromten, beheizbaren Hotelhandtuchtrockner aus den 1930er-Jahren; die Handtücher habe ich zum halben Preis im Schlussverkauf ergattert.

Den Stuhl schmückt eine aus weißen Handtüchern genähte Husse (eine Nähanleitung für einfache Hussen finden Sie auf S. 122). Die Holzdielen wurden mit weißer Fußbodenfarbe gestrichen. Eine Bademattte aus Baumwolle schützt das Holz vor Wasser.

Das brauchen Sie

* **Wasserfeste weiße Dispersionsfarbe**
* **Fliesenschild aus weißen Keramikfliesen**
* **Weiß gestrichener Dielenboden**
* **Badewanne, mit weißen Paneelen verkleidet**
* **Verchromte Bad- und Duscharmaturen**
* **Stuhl mit Husse aus weißen Handtüchern (siehe S. 122–123)**
* **Raffrollo aus weißem Baumwollstoff**
* **Badewannenbord aus Holz und Seifenschale aus Drahtgeflecht**
* **Flauschige weiße Handtücher**

So geht's

RICHTIG FLIESEN

* Mithilfe von Nägeln, Lot und Wasserwaage rahmen Sie die zu fliesende Fläche mit zwei Holzleisten.
* Etwa einen Quadratmeter Wand mit Fliesenkleber bestreichen und die erste Fliese exakt in den rechten Winkel der Richtlatten setzen.
* In waagerechten Reihen arbeiten. Die Position jeder Fliese mit der Wasserwaage prüfen.
* Abstandskreuze (oder Streichhölzer) sorgen für exakte Abstände.
* Leisten und Abstandhalter entfernen, wenn der Kleber trocken ist.
* Fliesen für Restflächen: Fliese Glasur auf Glasur an die vorgesehene Stelle halten und die Breite mit Bleistift auf der Rückseite anzeichnen. Fliese mit Fliesenschneider und Stahllineal anritzen und durch Druck auf die Ränder brechen.
* Ist der Kleber vollständig ausgehärtet, mit Schwamm und Fugenmasse mit dem Verfugen beginnen.
* Mit dem nassen Finger oder einem Holzstab über die Fugen fahren, um die Fugenmasse zu glätten.

Duschen pur

FÜR EINE EINFACHE, EBENERDIGE DUSCHE BRAUCHEN SIE EINEN ERFAHRENEN HANDWERKER, WASSERFESTE MATERIALIEN UND STRAHLEND WEISSE FLIESEN.

Eine Dusche sollte so erfrischend sein wie ein Sprung in die Brandung. Beim Anblick muffiger Duschkabinen möchte ich den Tag fast lieber ungeduscht beginnen. In den eleganten Duschräumen meines Fitness-Studios, in dem ich die Strapazen des Alltags mit heißem Wasser wegzuspülen pflege, liegt der Fall natürlich anders (den gepfefferten Mitgliedsbeitrag betrachtete ich als Geschenk an mich selbst).

Ob eine ebenerdige Dusche wohl auch zu Hause möglich wäre? Unser unermüdlicher Handwerker erklärte, er baue seinen wohlhabenden Kunden ständig ebenerdige Duschen ein. Würde sich das wohl auch mit wenig Geld realisieren lassen? »Überlassen Sie das ruhig mir«, war seine Antwort.

Wir rissen also die alte Badeinrichtung aus unserem 3 x 1,25 m großen Bad heraus und montierten eine 1,5 m breite, deckenhohe Leichtbautrennwand, um eine Nische zu schaffen. Links vom Eingang befinden sich ein Handtuchwärmer und ein Waschbecken, rechts ein Einbauschrank, in dem Handtücher aufbewahrt werden. An der Trennwand sind Haken angebracht, dahinter liegt der türlose Duschbereich.

Boden und Wände wurden mit wasserfestem Sperrholz für den Bootsbau abgedichtet. Es ist billiger als andere wasserdichte Materialien, aber genauso effektiv. Der Boden ist erhöht und hat ein leichtes Gefälle in Richtung Siphon, damit das Wasser ablaufen kann. Die Wände wurden am unteren Rand 20 cm hoch mit drei Schichten Absperrgrund gestrichen und weiß gefliest. Die Leitungen verschwanden im Einbauschrank hinter der Armatur mit der Mischbatterie.

Der Boden wurde mit matten, rutschsicheren Mosaikfliesen gefliest, die auf 50 cm^2 große Netze geklebt und damit leicht zu verlegen sind. Sowohl Wand- als auch Bodenfliesen wurden mit wasserdichter, hellgrauer Fugenmasse verfugt (weiße Fugen verfärben sich schnell und wirken dann schmutzig).

Der Einbau war ein voller Erfolg – jedenfalls bricht seitdem allmorgendlich heftiger Streit um die Frage aus, wer als Erster duschen darf.

Um den verkalkten Duschkopf wieder funktionstüchtig zu machen, schrauben Sie ihn ab und legen ihn in einen Topf, der zu gleichen Teilen mit Essig und Wasser gefüllt ist. Das Essigwasser zum Kochen bringen, dann lösen sich die Ablagerungen.

Das brauchen Sie

- **Mit weißen Keramikfliesen geflieste Wände, hellgrau verfugt**
- **Weiße Mosaikfliesen für den Boden, hellgrau verfugt**
- **Armatur mit Mischbatterie und eine verchromte Kopfbrause**
- **Deckenspot**

So geht's

VOR DEM FLIESEN

- Dispersionsfarbe von den Wänden entfernen.
- Tapeten lösen.
- Risse und Löcher mit Spachtelmasse füllen, Wände grundieren.
- Verwenden Sie einen Elastikkleber, wenn Sie Fliesen auf Hartfaser-, Span- oder Sperrholzplatten verlegen.
- Neue Fliesen können über alten verlegt werden. Glasierte Fliesen mit Silizium-Carbid-Papier anrauen, bevor der Fliesenkleber aufgetragen wird.

Frische Meeresbrise

WASSERBLAUE TÖNE ZAUBERN BELEBENDE FRISCHE IN IHR BAD.

Zugegeben: Die Idee, ein Badezimmer in den Farben des Meeres zu streichen, ist nicht wirklich neu. Doch ist Blau eine so wunderbar atmosphärische Farbe, dass sie im Bad immer wieder überzeugt. Wählen Sie zwischen tiefem Meerblau, dem Blauton eisiger Fjorde oder dem Türkis der Wellen in der Karibik ... Echte Wasserratten können ihrer Leidenschaft so auch im heimischen Badezimmer frönen. Um den richtigen Blauton zu finden, brauchen Sie nichts weiter als einen Pinsel und einige Farbproben, die Sie anhand einer Farbkarte auswählen.

Unserem Badezimmer in Spanien habe ich mit kobaltblauer Dispersionsfarbe zu einer geballten Ladung Meeresfrische verholfen. Aber auch in nördlicheren Breiten hebt dieses Blau die Stimmung: Es lässt Sie schon morgens den verregneten Wintertag da draußen vergessen. Damit das viele Blau nicht erschlagend wirkt, sind Fenster- und Spiegelrahmen weiß gestrichen – so entsteht ein auflockernder Kontrast.

Der altmodische Handtuchtrockner stammt noch von meiner Großmutter. Er erhielt den passenden Anstrich mit seegrünem Holzlack.

Das brauchen Sie

* **Kobaltblau gestrichene Wände**
* **Weiße Spiegel- und Fensterrahmen**
* **Handtuchtrockner, seegrün lackiert**
* **Flauschige weiße Handtücher**
* **Strahler über dem Waschbecken**
* **Einfaches Keramikwaschbecken**

Ein geöffnetes Fenster lässt Licht, Luft und Sonne herein und macht das Bad optisch größer. Wer mitten in der Stadt in einer Mietwohnung lebt, wo die Bäder meist klein sind, kann mit spiegelblanken weißen Fliesen und ausgewählten Badmöbeln und Accessoires viel erreichen, etwa mit kleineren Waschbecken oder Eckwaschbecken. Auch flache, für die Wandmontage geeignete Heizkörper sind eine gute Wahl für kleine Bäder.

So geht's NAGELN, BOHREN, SCHRAUBEN

Mit der richtigen Befestigung können Sie fast alles an die Wand hängen:

* Nägel: runde oder ovale für Holz, Stahlnägel für Mauerwerk, galvanisierte Nägel ohne Eisenanteil für den Außenbereich.
* Bei Harthölzern zunächst mit der Ahle ein kleines Loch vorbohren, dann den Nagel von schräg oben nach unten einschlagen.
* Ein Stück Pappe oder Papier hält kleine Nägel während des Einschlagens am Platz.
* Für leichte Gegenstände wie kleine Bilderrahmen reichen Stahlstifte.
* Schrauben: die meisten sind aus Flussstahl, aber es gibt auch Messing- und Aluminiumschrauben sowie Schrauben aus verzinktem Stahl für den Außenbereich.
* Geschraubte Verbindungen sind haltbarer als genagelte.
* Kleine Schrauben lassen sich nach dem Vorbohren mit der Ahle häufig von Hand eindrehen.
* Der Schraubendreher sollte genau auf den Schraubenkopf passen.
* Zum Anbringen großer Spiegel, Regale oder Hängeschränke brauchen Sie zusätzlich passende Dübel oder Schwerlastanker.
* Bei Leichtbauwänden aus Span- oder Gipskartonplatten sind Hohlraum-, Feder- bzw. Gipskartondübel erforderlich.

Der kleine Unterschied

» Mit einfachen Lösungen bringen Sie Ordnung ins Bad und haben mehr Platz zum Wohlfühlen! «

Schön ordentlich

Pfiffige Aufbewahrungsideen für Ihre Badutensilien schaffen Platz und sorgen für Ordnung. Hier sind meine Lieblingsideen:

* Nähen Sie einen geräumigen Wäschesack aus festem Baumwollstoff und verzieren Sie ihn mit Blumenapplikationen (als Inspiration könnte das Kissen auf S. 128 dienen). Hängen Sie ihn einfach an der Innenseite der Badezimmertür an einen Haken.

* Flache Sprossen-Heizkörper sehen nicht nur besonders edel aus, sie sorgen auch dafür, dass Sie immer warme, trockene Handtücher haben. Wer weiße Handtücher nicht mag, nimmt bunte; schön ist etwa eine Kombination aus Grün- und Blautönen. Angegraute, ehemals weiße Handtücher können Sie färben (siehe S. 142–143).

* Praktisch für Seifen und Schwämme ist eine auf den beiden Seiten aufliegende Badewannenablage aus Holz oder Metall. Ich bevorzuge die altmodische Holz-Variante, die inzwischen auch wieder häufiger angeboten wird.

* Eine Hakenleiste aus Holz oder verchromtem Metall ist eine schlichte, aber perfekte Lösung für Handtücher und alles, was aufgehängt werden kann.

* Ein kleiner Rollwagen mit Draht- oder Kunststoffkörben eignet sich etwa zur Unterbringung von Kosmetikartikeln oder Handtüchern.

* Einfache weiße Keramikbecher machen sich besonders gut als Zahnputzgläser.

* Kleine Schüsseln aus emailliertem Blech, die Sie in Läden für Campingbedarf bekommen, geben prima Seifenschalen ab.

* Recyceln Sie schöne Flaschen, etwa um Ihre Lieblings-Düfte hineinzufüllen. Schauen Sie in Apotheken oder Öko-Läden nach Badezusätzen mit ätherischen Ölen.

* Auf einer Ablage über dem Waschbecken ist immer alles Wichtige griffbereit.

* Medikamente sind in einem abschließbaren Hängeschrank kindersicher aufgehoben.

Arbeiten

IN 10 SCHRITTEN ZU PERFEKTEN ARBEITSRÄUMEN IM HAUSHALT

1 Arbeitszimmer mit Aussicht: Rücken Sie Ihren Schreibtisch möglichst nah ans Fenster, um das Tageslicht zu nutzen und den Kontakt zur Außenwelt nicht zu verlieren.

2 Achten Sie auch abends auf gute Beleuchtung. Gelenklampen kosten nicht viel und sind praktisch. Weiße Leuchten oder Metallleuchten im Retro-Stil sind zum Beispiel eine gute Wahl.

3 Auch wenn Ihnen für die Hausarbeit nur eine winzige Kammer zur Verfügung steht: Es ist immer noch besser, Schmutz- oder Bügelwäsche darin zu verstecken, als im Wohn- oder Schlafzimmer darüber zu stolpern.

4 Sie können gar nicht genug offene Regale haben: Darin können Sie nicht nur jede Menge Bücher und Ordner, sondern auch Kästen und Schachteln mit Archivmaterial verstauen – und sogar das Nähzeug oder gesammelte Stoffreste.

5 Wohin mit dem Müll, der bei der Hausarbeit anfällt? Kunststoffe, Altmetall und Papier gehören in die Wertstoffsammlung. Für normalen Haushaltsmüll eignet sich ein Abfalleimer mit einem Fassungsvermögen von mindestens 40 Litern.

6 Schauen Sie sich in Secondhandläden oder sogar auf dem Sperrmüll nach alten Schreibtischen, Bürostühlen und Aktenschränken um. Mit etwas Fantasie und Farbe können Sie daraus ganz individuelle Stücke für alle Arbeitsbereiche machen.

7 Wenn Schrankplatz knapp ist, bringen Sie Werkzeug und Malutensilien in stapelbaren Plastikboxen unter. Heben Sie Farbe nicht zu lange auf; sie ist meist nicht sehr haltbar. Farbreste sind Sondermüll und gehören auf den Wertstoffhof.

8 Weiß und zurückhaltende Farben schaffen eine ruhige, angenehme Arbeitsatmosphäre und sind daher besonders gut fürs Home-Office geeignet.

9 Handeln Sie umweltbewusst. Benutzen Sie Recyclingpapier. Verpackungsmaterial kann oft wiederverwendet werden. Sämtliche ausgedienten Computer und elektronischen Geräte gehören ebenfalls auf den Wertstoffhof.

10 Achten Sie darauf, alle Arbeitsplatten in ergonomischer Höhe anzubringen, dann geht alles gleich viel leichter von der Hand. Benutzen sehr unterschiedlich große Leute denselben Schreibtisch, legen Sie die Platte auf höhenverstellbare Böcke.

Jederzeit griffbereit

MIT EINFACHEN MÖBELN UND EINEM DURCHDACHTEN AUFBEWAHRUNGSSYSTEM SCHAFFEN SIE BESTE VORAUSSETZUNGEN FÜR EINEN INSPIRIERENDEN ARBEITSPLATZ.

Damit Sie den verfügbaren Arbeitsraum optimal nutzen können, lohnt es sich, einen guten Schreiner mit dem Einbau deckenhoher Regale zu beauftragen. Das ist zwar etwas teurer als einfach Regale aufzustellen, dafür können Sie Anzahl, Höhe und Tiefe der Regalfächer aber exakt auf Ihre Bedürfnisse (und Bibliotheksbestände) anpassen lassen.

Mit Spanplatten als Baumaterial für die Wandregale können Sie die Kosten senken. Weitere Vorteile: Spanplatten haben eine glatte Oberfläche und verziehen sich nicht. Die Nachteile: Sie biegen sich durch, wenn sie zu stark belastet werden, die Schnittkanten können uneben sein, zum Verschrauben sind Spezialschrauben erforderlich.

Wandnischen eignen sich hervorragend für den Einbau Platz sparender Regale. Ideal ist eine Fachbreite von 75 cm, eine Tiefe von 26 cm und eine Höhe von 35 cm, um Zeitschriften und Stehsammler aufzunehmen. Mein Tipp: Hohe Fächer lassen sich durch treppenförmige Einsätze für Taschenbücher in zwei Etagen übereinander nutzen.

Großformatige Bildbände, Kisten mit Farben, Aktenordner und Taschen sind in den unteren Fächern am besten aufgehoben. Die oberen Reihen erreichen Sie problemlos über eine stabile Trittleiter.

Das brauchen Sie

* **Weiß gestrichene Wände**
* **Regale aus Spanplatten, weiß lackiert**
* **Tisch vom Trödler, weiß lackiert**
* **Stehsammler aus weißer Pappe**
* **Korkpinnwand (siehe S. 116–117)**
* **Tischlampe mit cremeweißem Pergamentschirm**

So geht's

DIELEN STREICHEN

* Beim Abschleifen erzielen Sie mit einer Schleifmaschine das beste Ergebnis (siehe S. 60).
* Wenn Sie keine Schleifmaschine organisieren können, tut es zur Not auch ein Schwingschleifer. Die Oberfläche wird nicht ganz so ebenmäßig und ist ein bisschen schwerer sauber zu halten.
* Dielenbretter absaugen und feucht reinigen; trocknen lassen.
* Voranstrich oder Grundierung auftragen und gemäß den Herstellerangaben trocknen lassen.
* Arbeitshandschuhe tragen: Fußbodenfarbe ist besonders klebrig.
* Dielen der Länge nach mit der Farbrolle streichen und bis zu zwölf Stunden (bzw. die vorgeschriebene Zeit) trocknen lassen.
* Dielen ein zweites Mal streichen. Manche Farben benötigen mehrere Tage, um vollständig auszuhärten.
* Fußbodenfarbe ist zwar recht robust, aber nicht kratzfest. Bessern Sie nach rund einem Jahr die gröbsten Macken mit dem Pinsel aus, selbst wenn der Anstrich dann nicht mehr so perfekt und ebenmäßig aussehen sollte.
* Farbig gestrichene Dielen mit heißem Wasser und einfachem Haushaltsreiniger wischen.
* Bei weiß gestrichenen Böden könnten Sie vielleicht ab und zu mit Ihren ökologischen Prinzipien brechen und zur Reinigung ein Bleichmittel verwenden.

Der kleine Unterschied

> Einbauschränke sind die reinsten Platzwunder! Und es sieht immer aufgeräumt aus.

Ein Schrank für viele Zwecke

Für diese Art von Einbauschränken sollten Sie einen Schreiner beauftragen, darum sind sie leider nicht ganz billig. Mit preisgünstigen Materialien wie MDF-Platten oder Kiefernholz für Rahmen und Türen können Sie aber etwas sparen.

Fertigen Sie eine maßstabsgetreue Skizze an (siehe S. 16–17). Nehmen Sie Maß an den Gegenständen, die im Schrank verstaut werden sollen und berücksichtigen Sie auch, welche Dinge Sie selten und welche Sie häufiger benutzen.

Denken Sie bei der Planung auch an vorhandene und eventuell neu zu verlegende Leitungen und Anschlüsse.

GESCHLOSSENE FLÄCHEN Türen: Nut-und-Feder-Paneele wurden grundiert und in zwei Schichten mit weißem Kunstharzlack gestrichen, ebenso die einfachen Griffe, die nach dem Trocknen angeschraubt wurden. Körbe: Geflochtene Körbe sind schön anzufassen und gleichzeitig praktisch: Kann man Wäsche auf schönere Weise aufbewahren und transportieren?

OFFENE FLÄCHEN In den Fächern werden Handtücher, Bettwäsche, Bügelutensilien und Reinigungsmittel aufbewahrt. Für Wäscheschränke sind Lattenborde ideal, so kann die Luft zirkulieren, damit sich keine Staunässe entwickelt. Im mittleren Abteil befinden sich Bügelbrett, Wäscheständer und einige Rollen Toilettenpapier. Über der Waschmaschine ist genug Platz für den Wäschekorb.

Klein, aber fein

VERSCHÖNERN SIE IHREN ARBEITSPLATZ MIT EINER TAPETE UND LIEBEN ERINNERUNGEN.

Damit Sie Ihre kreativen Ideen umsetzen können, brauchen Sie einen Arbeitsplatz. Wenn Sie nur wenig Platz haben, weil Sie zugunsten Ihrer Kinder, Ihres Partners oder eines Untermieters auf ein extra Zimmer verzichtet haben, reicht auch eine Ecke oder Nische in einem Raum. Je liebevoller und individueller Sie den Platz gestalten, umso motivierter gehen Sie ans Werk.

In diesem Beispiel ist die nostalgische Blumentapete in einem zarten Blaugrün ein reizvoller und frischer Kontrast zum Tisch vom Trödler, der modernen Stehlampe und den gerahmten Erinnerungsfotos.

Wenn der Platz hier nur für einen Tisch reicht, verstauen Sie das benötigte Arbeitsmaterial woanders: Nehmen Sie ein paar Fächer von Regalen oder Schränken in anderen Räumen in Beschlag. Weiße Kunststoffboxen oder Kartons, in denen Ihre Sachen unterkommen, helfen Ihnen dabei, den Überblick zu bewahren und alles, was Sie brauchen, schnell an Ihren Werktisch zu befördern.

Für den Laptop oder die Nähmaschine reicht schon ein Tischchen. Benötigen Sie mehr Arbeitsfläche, sind lackierte MDF-Platten auf Tischböcken eine gute Lösung. So ein Tisch ist außerdem rasch verstaut, wenn Sie für etwas anderes Platz brauchen. Und für wirklich platzraubende Arbeiten wie etwa Stoffzuschnitt ist der Fußboden ideal!

Das brauchen Sie

- **Bedruckte Blümchentapete**
- **Bilderrahmen »am laufenden Band« (siehe S. 138–139)**
- **Tisch vom Trödler**
- **Stuhl mit Husse (siehe S. 122–123)**
- **Stehlampe**
- **Verstellbare Tischleuchte**

So geht's

PROBLEME BEIM TAPEZIEREN?

RISSE: Achten Sie auf gute Qualität, billige Tapete reißt leichter. Lassen Sie die Papierbahnen nicht zu lange einweichen: sonst reißen sie schneller ein. Risse unauffällig hinterkleben - oder die ganze Bahn ersetzen.

TAPETE LÖST SICH: Ist die Wand zu feucht oder die Tapete nicht genügend eingekleistert, kann sie sich lösen. Stellenweise neu kleistern und festdrücken.

MUSTER SIND SCHIEF: Achten Sie beim Zuschnitt darauf, dass die Muster richtig aufeinander treffen. Auf der Rückseite markieren.

BLASEN: Sie entstehen durch schlecht verrührten Kleister oder unzureichendes Ausstreichen der Tapete an der Wand. Solange die Tapete feucht ist, abheben und mit frischem Kleister feststreichen. Ansonsten schneiden Sie die Blasen kreuzweise auf und bringen etwas Kleber mit dem Pinsel ein.

An die Arbeit

EIN PRAKTISCHER WIRTSCHAFTSRAUM ERLEICHTERT JEDE HAUSARBEIT.

Meine Speisekammer wollte ich auf keinen Fall für einen Arbeitsraum opfern. Da war es mir schon lieber, auf das zweite Bad zu verzichten, um mir darin eine extra Waschküche einzurichten. Ich habe Unmengen von Wäsche zu bewältigen (manchmal kommt mir mein Haushalt vor wie die Außenstelle des Ritz!), daher finde ich den separaten Raum zum Waschen und Bügeln wirklich bequem.

Das umfunktionierte Bad misst zwar nur 3 x 1,50 Meter, aber das ist genug, um in Ruhe zu bügeln und dabei Radio zu hören. Unter der Arbeitsfläche mit integriertem Spülbecken ist Platz für die Waschmaschine und Wäschesäcke.

Für diesen Raum ist ein Keramikbecken am besten geeignet. Jede Baustoffhandlung führt sie in unterschiedlichen Formen und Größen. In den tiefen Becken kann man nahezu alles problemlos säubern, von Tennisschuhen über schlammtropfende Hunde bis hin zu Farbtöpfen. Im Unterbau – entweder ein verchromtes Gestell oder ein Unterschrank – werden die Putzmittel verstaut.

Mithilfe einer Wasserwaage ist das Anbringen des schlichten Regalbodens (siehe S. 58) kinderleicht. Lackieren Sie ihn weiß, dann erhalten Sie eine robuste, abwaschbare Oberfläche. Die Arbeitsplatte aus Holz wurde abgeschliffen und zwei Mal mit umweltfreundlicher Holzbeize eingelassen.

Wenn Sie keinen Trockner haben, tut es auch ein zusammenklappbarer Wäscheständer – die altmodischen hölzernen Modelle sind meist stabiler als ihre Artgenossen aus Kunststoff oder Metall. Am schönsten ist es natürlich, wenn man die Wäsche zum Trocknen im Freien aufhängen kann – noch besser, wenn im Garten oder auf dem Balkon auch schon Wäscheleinen gespannt sind oder eine große Wäschespinne installiert ist.

Das brauchen Sie

- **Weiße Dispersionsfarbe für die Wände**
- **Schwarze Tafelfarbe für den Bereich zwischen Regal und Arbeitsplatte**
- **Arbeitsplatte aus Massivholz**
- **Keramikspüle auf Unterschrank aus Spanplatten**
- **Regalboden auf Holzkonsolen**
- **Behälter aus ausgedienten Plastikflaschen (siehe S. 120–121)**
- **Wäschesack im Holzgestell**
- **Hübsche Latzschürze für ein bisschen Glamour.**

So geht's

AUSGUSS REINIGEN

Verstopfungen in Abflussrohren entstehen meist durch Speisereste, Küchenabfälle und Haare. Bevor Sie den Klempner rufen, versuchen Sie es mit einer Saugglocke aus Gummi. Die Saugglocke auf den Abfluss setzen (das Wasser im Becken sollte bis über die Glocke reichen), Überlaufschutz mit nassem Tuch abdichten und mehrmals pumpen. Den Vorgang wiederholen, bis das Wasser abläuft. Wenn das nicht funktioniert, muss der Siphon gereinigt werden: Eimer darunter stellen, Verschraubung lösen und den Siphon mit einem gebogenen Draht säubern. Läuft das Wasser immer noch nicht ab, ist im schlimmsten Fall das Fallrohr verstopft. Verzichten Sie auf ätzende Chemie. Leihen Sie sich lieber eine Rohrreinigungsspirale oder … rufen Sie den Klempner.

Studierecke

EIN SCHLICHTER WANDKLAPPTISCH – MEHR BRAUCHT MAN NICHT ZUM ARBEITEN.

Mit etwas Geschick ist es nicht weiter schwer, sich einen raumsparenden Wandklapptisch zu schreinern.

Zuerst schrauben Sie ein 120 cm langes Kantholz (Stärke 7,5 x 5 cm) fest an die Wand, sodass der obere Rand sich etwa 70 cm über dem Boden befindet. Als Tischplatte eignet sich eine 120 cm breite und 60 cm tiefe MDF- oder Spanplatte ab 2 cm Stärke. Schrauben Sie die Tischbeine (5 x 5 cm) mit zwei Scharnieren gegeneinander versetzt an die Unterseite der Platte, sodass sie sich nach innen einklappen lassen.

Lassen Sie sich beim nächsten Schritt helfen: Schrauben Sie drei stabile Scharniere an die Unterseite der rückwärtigen Tischplatte. Ihr Helfer kann die Arbeitsplatte in Position halten, während Sie die Scharniere am Kantholz festschrauben. Fertig ist der Arbeitstisch!

Natürlich können Sie die geistige Arbeit auch ein bisschen aufschieben und dem Tisch erst noch den letzten Schliff geben, indem Sie ihn abschmirgeln, grundieren und zweimal mit Kunstharzlack streichen. Kleben Sie dabei die Scharniere ab, damit sie nicht mit Farbe zulaufen.

Das brauchen Sie

- **Weiße Wand mit breiten, pinkfarbenen Streifen (siehe S. 118–119)**
- **Kantholz, MDF- oder Spanplatte, Beine, Scharniere und Farbe für den Wandklapptisch**
- **Bettsofa mit einem Überwurf aus pinkfarbener Wolle**
- **Kissen aus geblümtem Baumwollstoff und Segeltuch (siehe S. 128–129)**
- **Weiß gestrichener Dielenboden**

So geht's

DIELEN REPARIEREN

KNARRENDE ODER LOSE DIELEN: Schrauben Sie die Dielen auf dem Querbalken fest. Die Dielenbretter sitzen bombenfest, wenn Sie zusätzlich Nägel einschlagen (Köpfe mit einem Versenkstift versenken).

FUGEN UND RISSE: Das Holz »arbeitet«: Durch Heizungsluft schrumpft es, Feuchtigkeit führt zu Fäulnis - durch beides können Risse und weite Fugen entstehen. Tauschen Sie beschädigte Dielen aus. Mit kleinen Fugen kann man leben, größere können Sie mit passenden Holzstreifen auffüllen. Bei zu vielen und zu breiten Fugen Boden mit Hartfaserplatten belegen oder alle Dielen herausnehmen und neu verlegen.

Garten

IN 10 SCHRITTEN ZUM WOHNZIMMER IM GRÜNEN

1 Planen Sie Ihren Garten wie einen Innenraum: mit Skizzen, Farben, Materialien und einer Liste Ihrer Lieblingspflanzen.

2 Schnelles Grün: Basteln Sie ein Gerüst für schnell wachsende Rankpflanzen wie Clematis und Kletterrosen. Pflanzen Sie duftende und dekorative Hecken aus Rosmarin, Lavendel und Buchs.

3 Umgraben: Lockern Sie den Boden auf und arbeiten Sie Kompost ein. Wenn nötig, tauschen Sie einen Teil der Erde aus. Diese Arbeit kann sehr anstrengend sein. Lassen Sie sich dabei helfen.

4 Holzterrassen sind sehr beliebt. Gerade in feuchten Regionen oder wenn der Untergrund sehr sandhaltig und locker ist, sind Lattenroste aus Holz eine gute Lösung.

5 Pflanzen gedeihen in fast jedem Behälter – in Kunststoffschalen, alten Zinkwannen, Holzkübeln, Blecheimern – vorausgesetzt, Sie bohren Löcher in den Boden. Gießen und düngen Sie Ihre Kübelpflanzen regelmäßig. Mein Favorit ist blau oder weiß blühender Agapanthus. Dicht in Tontöpfe gepflanzt, gedeiht er wunderbar.

6 Übermalen Sie schadhafte Oberflächen. Im Trend liegen Farben wie mattes Erbsengrün und natürlich wirkende erdige Blau- und Grautöne. Out sind knallblaue Holzlasuren und weißer Glanzlack.

7 Lassen Sie sich inspirieren: Es gibt eine Reihe guter Gartensendungen im Fernsehen, oder schauen Sie nach Bildbänden über Garten-, Balkon- und Terrassengestaltung.

8 Für einen schönen Rasen einige Zentimeter Mutterboden auftragen, glätten, festtreten und Rasen einsäen. Für gute Drainage den Rasen im Herbst vertikutieren und Sand einarbeiten. Regelmäßiges Rasenmähen hält Unkraut in Schach.

9 Wählen Sie natürliche Materialien: alte Ziegelsteine, im Fischgrätmuster verlegt, für Einfassungen und Wege; Terrakottafliesen im Schachbrettmuster, alte Steinfliesen für die Terrasse; Segeltuch und Baumwollstoffe.

10 Mit etwas Glück finden Sie beim Trödler einfache Bänke und Klappstühle. Als Gartentisch kann auch eine alte Tür auf Tischböcken dienen. Der Klassiker für größere Runden: der Biertisch mit dazugehörigen Bänken, preiswert, zusammenklappbar und leicht zu verstauen, wenn sich die Sonne im Herbst wieder verabschiedet.

Es grünt so grün

LASSEN SIE IN IHREM GARTEN GUTES GEDEIHEN: ZUM BEISPIEL BIOGEMÜSE UND REGIONALTYPISCHE PFLANZEN.

Legen Sie ein Gemüsebeet an. Wer in einer Mietwohnung lebt, kann bei Kleingartenvereinen einen Schrebergarten pachten und das eigene Biogemüse ziehen.

Guter Kompost sorgt für fruchtbaren Gartenboden, der reiche Obst- und Gemüseernten beschert. Sie können Kompost kaufen oder selbst einen Komposthaufen anlegen, der mit Ziegelsteinen oder Latten eingefasst wird (denken Sie dabei an Belüftungsschlitze oder -löcher). Die unterste, für die Drainage wichtige Schicht bilden Zweige oder anderes grobes Material. Darüber wird das eigentliche Kompostmaterial – Laub, Gemüseabfälle, Hobelspäne, Eierschalen, Rasenschnitt, Teebeutel – zu einem Haufen aufgeschichtet, der ab und zu gewässert werden sollte. Eine dünne Schicht Erde oder ein Deckel über dem Kompost hilft, die sich entwickelnde Hitze zu halten und den Verrottungsprozess zu beschleunigen. Bis ein zweiter Komposthaufen fertig aufgeschichtet ist, ist der erste bereits »reif«.

Fassen Sie Ihr Gemüsebeet mit Holzplanken, alten Ziegelsteinen, Muschelbruch, Kieseln oder Kies und oder pflanzen Sie Kräuter wie Minze, Schnittlauch und Petersilie an den Rand. Schön sind auch Einfassungen aus gebogenen Haselruten. Meinen neu angelegten und hoffentlich bald fröhlich wuchernden Gemüse- und Blumengarten habe ich mit ausgedienten Terrakotta-Randsteinen aus einem alten Garten eingefasst. Dort ziehe ich Bohnen und Tomaten an Rankstäben und Stangenzelten sowie Zwiebeln, Salat, Kartoffeln, Zucchini, Spinat und Rauke. Außerdem dürfen in meinem Garten schwarze Johannisbeeren für Kompott, Gelee und sommerliche Desserts nicht fehlen.

Das brauchen Sie

* **Kompost**
* **Pflanzen von guter Qualität und Saatgut vom Ökogärtner**
* **Kletterstangen für Bohnen- und Tomatenpflanzen**
* **Ein großer Sonnenhut**

So geht's

SO BAUEN SIE EIN STANGENZELT

* Stangenzelte setzen durch ihre Höhe Akzente im Garten und eignen sich hervorragend, um Tomaten, Zuckererbsen und andere Rankpflanzen zu ziehen.
* Bohnenstangen (z.B. aus Bambus) sind preiswert und im Gartencenter in verschiedenen Längen erhältlich. Ich nehme gerne 180 cm lange Stangen für das Zelt und 30 cm lange zum Stabilisieren.
* Sechs Stangen zu einem Bündel zusammenfassen und etwa 5 cm unterhalb der Spitze großzügig mit Bast umwinden, sodass ein rund 5 cm breites Bastband entsteht.
* Stangen zeltförmig spreizen und die Enden in die Erde stecken.
* Sehr wirkungsvoll sind drei oder vier Stangenzelte in einer Reihe oder ein Zelt pro Ecke des Beetes.
* Grün lackiert sehen die Zeltstangen besonders gut aus.
* Stangenzelte sind nicht für die Ewigkeit gemacht. Sie verrotten nach ein bis zwei Jahren.
* Auch mit Haselruten lassen sich wunderbar natürlich wirkende Zelte bauen.

Topfgarten

BOHREN SIE LÖCHER IN DIE BÖDEN BELIEBIGER GEFÄSSE UND GEBEN SIE ERDE HINEIN – PFLANZEN EINSETZEN, BEWÄSSERN, DÜNGEN UND BEIM WACHSEN ZUSCHAUEN.

Die Terrasse vor Mandy Bonnells Küchentür (ihr Gartenparadies sehen Sie auf S. 108) ist immer wieder ein einziger Farbenrausch, wenn das, was in Blecheimern gedeiht, sich in voller Blütenpracht entfaltet. Für eine echte Autodidaktin, bei der die »Blumenzwiebeln vor vier Jahren noch falsch herum wuchsen«, hat Miss Bonnell eine sensationelle Entwicklung gemacht. Dank einschlägiger Bücher und Gartensendungen weiß sie nun, wie leicht man perfekte Wachstumsbedingungen schafft: Ein Loch in den Boden eines Eimers bohren, eine Tonscherbe darauflegen und mit guter Gartenerde füllen. Tulpen, Schachbrettblumen und Narzissen (alle richtig herum eingepflanzt) werden von Ziertabak, Mohn, aromatischem Basilikum und köstlichen San-Marzano-Tomaten abgelöst. Ein prachtvoller Kugelliguster, dem Mandy im Mai und im August einen Formschnitt verpasst, sorgt rund ums Jahr für Grün.

So geht's

BLUMENTÖPFE STREICHEN

Industriell gefertigte Terrakottatöpfe wirken oft ein bisschen zu perfekt. Den Töpfen in meinem Garten gebe ich den stilvoll verwitterten Look mit verdünnter Dispersionsfarbe im passenden Farbton: Für unseren schattigen Innenhof in Spanien verwende ich meist Weiß, für meinen Londoner Garten weiche Sand- und Grüntöne. Die Töpfe vor dem Streichen säubern und abbürsten. Ein einfacher Anstrich mit verdünnter Farbe wirkt wie eine leichte Patina, mit einem zweiten Anstrich deckt die Farbe stärker. Frisch bemalte Töpfe vor dem Bepflanzen mindestens eine Stunde trocknen lassen.

Das brauchen Sie

- **Weiß gestrichene Hauswand**
- **Hellblaue und weiße Blecheimer vom Trödler**
- **Kugelliguster**
- **Hortensienblüten**
- **Schlichter weißer Metallklapptisch mit passendem Gartenstuhl**

Farbe im Garten

EIN FRISCHER ANSTRICH MACHT KAUM ARBEIT UND WIRKT WUNDER.

Die kleine Hütte in meinem Garten war in einem erbärmlichen Zustand – aber mit etwas puderblauer Lackfarbe an Tür und Fenstern und mehreren Schichten lichtgrüner Außenfarbe habe ich ihr zu neuem Leben verholfen.

Das Großartige an Farben ist, dass man damit selbst im bescheidensten Garten oder auf dem schlichtesten Balkon große Wirkung erzielen kann. Farbe verschönert Möbel und Spaliere, erzeugt optische Harmonie (etwa bei unterschiedlichen Zaunhölzern) und verwandelt einen halb verfallenen Geräteschuppen ein ein idyllisches Plätzchen.

Nehmen Sie Farbtöne, die natürlich wirken. Helle, verwaschene Blau- und Grüntöne machen sich besonders gut zu rosarot blühenden Sommerblumen. Weiß – z. B. für Palisadenzäune – sieht immer frisch aus. Leuchtendes Limonengrün, Azurblau sowie alle knalligen Gelb- und Orangetöne passen eher in eine tropische Umgebung.

Langlebige, für Außenanstriche geeignete Farben sind kostspieliger als Innenfarbe, sind aber die einzige Lösung, wenn Sie nicht jedes Jahr renovieren möchten. Den weichen Grünton, den ich unbedingt für meinen Zaun haben wollte, habe ich unter den hochwertigen Holzlasuren gefunden. Also ging ich mit der Farbkarte in ein Farbenfachgeschäft, ließ mein Lieblingsgrün dort per Computeranalyse bestimmen und mit einer wetterbeständigen Grundierung mischen. Das Ergebnis sieht großartig aus und hält dem kältesten Winter stand.

Ganz wichtig: Metallmöbel zunächst mit einer Rostschutzgrundierung, dann mit Vorstreichfarbe und zum Schluss mit stoßfester und wetterbeständiger Lackfarbe streichen.

Das brauchen Sie

* **Lichtgrün abgetönte, wetterbeständige Farbe für die Wände des Schuppens**
* **Puderblau abgetönter Mattlack gestrichene Fenster- und Türrahmen**

Schuppen-Ideen

* Innenwände weiß oder in sehr hellen Grün- oder Blautönen streichen.
* Regale (im gleichen Farbton) bieten Platz für kleine Gartengeräte.
* Schlichte Wandhaken zur Befestigung von Harke & Co.
* Nackte Dielen sind am praktischsten; den Boden nur fegen und gelegentlich schrubben.
* Fragen Sie beim Gemüsehändler nach alten Holzkisten. Die eignen sich wunderbar zur Aufbewahrung von Gartenzubehör. Wer mag, kann sie auch streichen.
* Im Schuppen sollte sich auch noch Platz für ein paar Liegestühle und einen Klapptisch finden. Die sind schnell aufgestellt, und wenn Sie dann noch ein paar Fackeln oder Laternen anzünden, ist der romantische Sommerabend perfekt.

Mini-Oase mitten in der Stadt

STRENGES GARTENGEVIERT MIT PFIFFIGER BEPFLANZUNG

Keinen Steinwurf entfernt vom tosenden Innenstadtverkehr liegt der romantische Garten der Grafikerin Mandy Bonnell. Vor dreieinhalb Jahren begann sie damit, die mit Unkraut überwucherte Einöde zu kultivieren.

Es ist ihr gelungen, die Proportionen des georgianischen Reihenhauses darin widerzuspiegeln. Sie hat ihren Garten ganz unkonventionell begrünt – mit Pflanzen, wie man sie in Bauerngärten findet. Die Mühe war es wert. Die Kieswege hat Mandy neu gestaltet und mit Buchs eingefasst. Sie führen um ein großes Beet in der Mitte, das mit Steinplatten und Polsterlavendel umrahmt ist.

Der winzige Garten ist Mandys Leidenschaft geworden. Die Blumenzwiebeln und -samen bezieht sie über den Versandhandel. An der Nordwand, am hinteren Ende des Gartens, wachsen Schattenpflanzen: eine früh blühende Clematis, Kletterhortensien, Farne und Funkien; an den Seitenwänden wachsen prächtiger Phlox, rote Sonnenblumen, Akelei und Dahlien (die Mandy im Herbst zurückschneidet und Blumentöpfe überstülpt, die vor Frost schützen), Glockenblumen, Rosen und ein Quittenbaum. Das Beet in der Mitte ist dicht bepflanzt mit Zierlauch, einer prachtvollen Iris und Gladiolen, die Gartenarchitekten zu Unrecht oft verschmähen.

Das brauchen Sie

* **Kies- und Plattenwege**
* **Alte Ziegelwände**
* **Beete, mit Buchs und Polsterlavendel eingefasst**
* **Verschiedene Bauernblumen**
* **Schatten liebende Pflanzen an der Nordwand**
* **Eine weiß gestrichene Bank aus Holz und Eisen**

So geht's

KIES- ODER PLATTENWEGE ANLEGEN

* Fertigen Sie zunächst eine Planzeichnung des Gartens an.
* Entscheiden Sie, ob Sie Planung und Ausführung einem Gartenbaubetrieb oder Gartenarchitekten überlassen.
* Terrassen und Wege brauchen eine feste Unterlage, damit sie nicht absinken.
* Heben Sie zunächst den Deckgrund aus.
* Füllen Sie zuunterst eine Schicht aus grobem Schotter ein. Dann sorgen Sie mit einer Schicht Zement für eine feste Oberfläche, auf der Sie Ziegel oder Steinplatten verlegen oder den Kies verteilen können.
* Ein leichtes Gefälle gewährleistet, dass Regenwasser gut abfließt.
* Sehr attraktiv wirken alte, verwitterte Ziegel, die Sie im Fischgrätmuster verlegen.
* Fugen nie bis zur Oberkante der Platten mit Fugenzement ausfüllen. Füllen Sie den verbleibenden Raum lieber mit hellem Sand.
* Alte Natursteinplatten sind wunderschön, aber teuer.
* Rollkies, in verschiedenen Feinheitsgraden und Farben erhältlich, ist in jedem Fall günstiger.

Kühler weißer Innenhof

IM SOMMER UNTER FREIEM HIMMEL LEBEN.

Wenn in Spanien die Ferien beginnen, werfe ich mir mein Malerhemd über, binde mir ein Kopftuch um und mache mich daran, die angegrauten Wände unseres Innenhofs zu streichen. Nach den heftigen Regenfällen, die im Winter über den Bergen niedergegangen sind, ist das notwendig. Eigentlich werden in Spanien die Wände traditionell weiß gekalkt, aber ich streiche sie lieber mit mattweißer Dispersionsfarbe. Das geht nicht nur schneller, sondern ist auch preiswerter. Ein Anstrich reicht mir völlig – schließlich will ich nicht in der Sonne verdorren!

Dann hole ich die Gartentische aus ihrem Winterquartier und installiere die Außenbeleuchtung. Die besteht aus einer Schnur, die ich quer über die Wand spanne und an der ich viele Laternen befestige. Tagsüber sitzen wir unter einem blau-weiß gestreiften Sonnensegel, abends rollen wir das Segel ein und genießen gegrillte Köstlichkeiten und Sommersalate unterm freien Sternenhimmel.

Mein einfaches Rezept für gegrilltes Gemüse: Zucchini und Auberginen in 1 cm dicke Scheiben schneiden und mit grob gehackten Zwiebeln, Tomaten, Paprika und Knoblauchzehen in eine Alu-Grillschale füllen. Mit zwei bis drei Esslöffeln Olivenöl beträufeln, ein paar Zweige Thymian und Rosmarin hinzugeben und alles etwa 45 Minuten bei 150 °C unter gelegentlichem Wenden im Backofen grillen, bis das Gemüse leicht gebräunt ist. Feiern Sie den Sommer mit gegrillten Sardinen, geröstetem Gemüse und eiskalten Drinks!

Das brauchen Sie

- **Mit weißer Dispersionsfarbe gestrichene Wände**
- **Gartentisch, hellblau lackiert**
- **Kissen und Tischtuch aus Baumwollstoff**
- **Windlichter aus Glas**
- **Laternen aus Blech**

So geht's

EIN PLATZ IM SCHATTEN

Verwandeln Sie den heißen Innenhof in eine schattige Oase, indem Sie ein Sonnensegel von einer Seite zur anderen spannen.

* Segeltuch in den benötigten Maßen findet man im Fachhandel. Je breiter die Bahnen, desto besser, damit Sie nicht zu viele aneinandernähen müssen.
* In gleichmäßigen Abständen so viele Haken an Wänden bzw. Zäunen anbringen, wie nötig. Eine Höhe von 2,30 m ist ideal, aber das richtet sich nach der Höhe der Wand oder des Zauns.
* Die Schnittkanten des Segeltuchs umsäumen.
* Nun 10 cm lange Schlaufen aus Baumwollband im entspechenden Abstand an beiden Kanten des Stoffes festnähen, um das Segel an den Haken zu befestigen. Noch praktischer sind natürlich große Ösen an der Stoffkante.

TEIL 3

20 Sachen zum Selbermachen

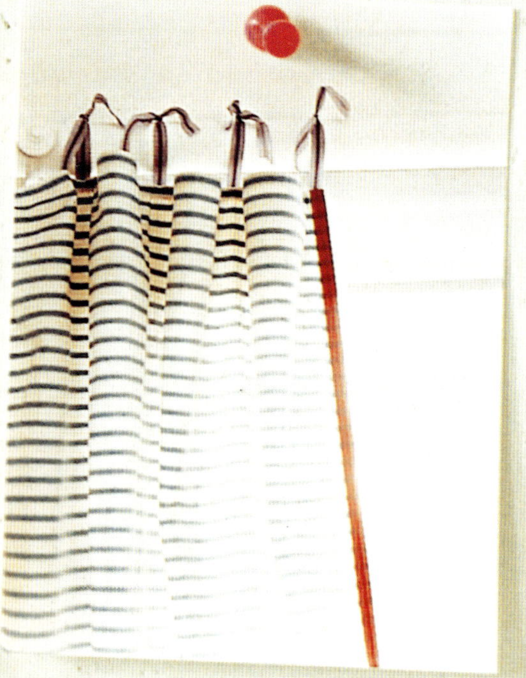

Kartoffeldruck

DIE KREATIVE SEITE DER KARTOFFEL: EINFACH EINE KARTOFFELHÄLFTE IN FARBE TUNKEN UND EIN HÜBSCHES PUNKTMUSTER AUF DIE WAND DRUCKEN.

Wer wilde Muster mag, kann einfach drauflosdrucken. Regelmäßigere Muster erfordern dagegen etwas Planung. Markieren Sie mit einem Maßband und einem Bleistift Linien in gleichmäßigem Abstand. Noch schneller geht es, wenn jemand anderes das Maßband hält.

1. SCHRITT Nehmen Sie die rundeste Kartoffel, die Sie finden können, und schneiden Sie sie in der Mitte durch. Wenn nötig, bessern Sie die Kontur noch etwas nach – aber nicht ärgern, wenn es nicht perfekt wird: Der Charme des Kartoffeldrucks liegt gerade in der Unvollkommenheit.

2. SCHRITT Gießen Sie die Farbe – am besten Dispersionsfarbe – in eine Farbwanne oder einen Becher und tunken Sie die Kartoffel ein. Achten Sie darauf, dass nicht zu viel Farbe anhaftet. Sonst gibt es Farbkleckse oder -nasen.

3. SCHRITT Drücken Sie die Kartoffel fest an die Wand. Wenn der Abdruck nicht ausreichend deckt, so lange wiederholen, bis es Ihnen gefällt.

4. SCHRITT Lassen Sie die Wand etwa eine Stunde trocknen und genießen Sie den Anblick Ihres Werks.

» Punkte in sanftem Pistaziengrün wirken verspielt und doch aktuell. «

SPANISH
BREWER'S
Aphorisms
PHRASE & FABLE
COLD MOUNTAIN
FERIA DE SEVILLA
THE HAYWARD GALLERY

Pinnwand aus Korkfliesen

BILDER WIRKEN INSPIRIEREND. STREICHEN SIE DIE PINNWAND IN BLASSBLAU ODER EINEM ANDEREN ZARTEN FARBTON, DAMIT DIE ÜBRIGEN FARBEN RICHTIG LEUCHTEN.

Drücken Sie die Korkfliesen beim Aufkleben fest an, damit sie sich nicht wieder ablösen. Wenn die Wand sehr uneben ist oder Sie die Korkfliesen hinterher bemalen wollen, nehmen Sie am besten einen Spezialleim vom Fachhändler.

1. SCHRITT Markieren Sie die Umrisse der Pinnwand an der Wand. Meine ist zum Beispiel sieben Fliesen hoch und fünf Fliesen breit. Keine Sorge, wenn die Fläche verwinkelt ist – Korkfliesen lassen sich problemlos zuschneiden.

2. SCHRITT Sehr wichtig: Die Wandoberfläche muss absolut sauber sein. Waschen Sie die Wand vor dem Bekleben ab und lassen Sie sie gut trocknen.

3. SCHRITT Prüfen Sie sorgfältig, ob alles richtig passt. Dann kleben Sie die Fliesen auf und folgen dabei genau der Anleitung des Herstellers.

4. SCHRITT Lassen Sie den Leim gut durchtrocknen. Das braucht etwa einen Tag. Dann verpassen Sie der Pinnwand zwei oder drei Anstriche.

Das brauchen Sie

* **Wandkork-Fliesen für ca. 3 m^2**
* **Maßband**
* **Bleistift**
* **Spezialleim**
* **Weiße Dispersionsfarbe und Abtönfarbe**
* **Pinsel**

Gestreifte Wände

SIE MÖGEN'S MAL BUNT? DANN PEPPEN SIE EINE ZIMMERWAND EINFACH MIT BREITEN, PINKFARBENEN STREIFEN AUF.

Das brauchen Sie

- Zeitung oder Malerfolie
- Maßband
- Malerband
- Bleistift
- Breiter Pinsel
- Farbwanne oder Eimer
- Dispersionsfarbe in Weiß und Pink

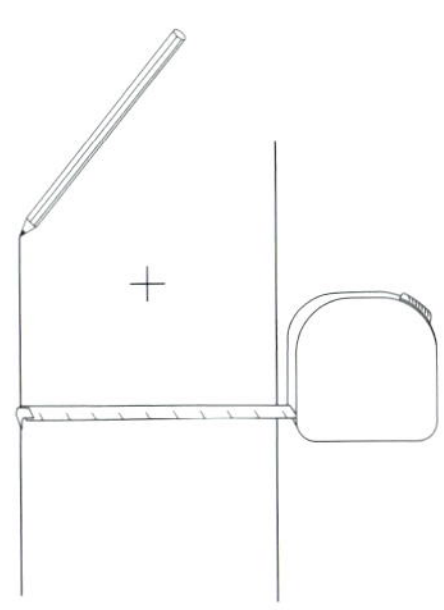

Ein Anstrich genügt, wenn die Pinselstruktur zu sehen sein soll. Für eine satte Deckung muss man eine zweite Schicht auftragen.

1. SCHRITT Bereiten Sie die Wand sorgfältig vor (siehe S. 13 und 73). Sie muss schmutz- und staubfrei sein. Kleben Sie Fußleisten, Steckdosen und Schalter sowie die Übergänge zur Decke ab und legen Sie den Boden mit Zeitungspapier oder Malerfolie aus. Grundieren Sie die Wand mit Dispersionsfarbe und lassen Sie sie trocknen.

2. SCHRITT Messen Sie die Breite der Wand aus, markieren Sie mit einem Bleistift die Mitte und zeichnen jeweils 15 cm rechts und links davon weitere Markierungen an. Das sind die Außenkanten des farbigen Mittelstreifens.

3. SCHRITT Kleben Sie die Außenränder des Mittelstreifens vom Fußboden bis zur Decke ab. Damit die Linien ganz gerade werden, nehmen Sie eine Wasserwaage oder ein Lot zu Hilfe.

4. SCHRITT Dann kleben Sie im Abstand von jeweils 30 cm weitere Streifen ab. Achten Sie immer darauf, dass das Malerband an der richtigen Seite fixiert wird, also innerhalb der weißen Streifen. Wenn die ganze Wand abgeklebt ist, streichen Sie vom Mittelstreifen ausgehend sorgfältig jeden zweiten Streifen mit pinkfarbener Dispersionsfarbe. Nach dem Streichen das Klebeband vorsichtig ablösen und die Farbe trocknen lassen.

1. & 2. Die Mitte der Wand ermitteln und dort den ersten Streifen mit Bleistift markieren.

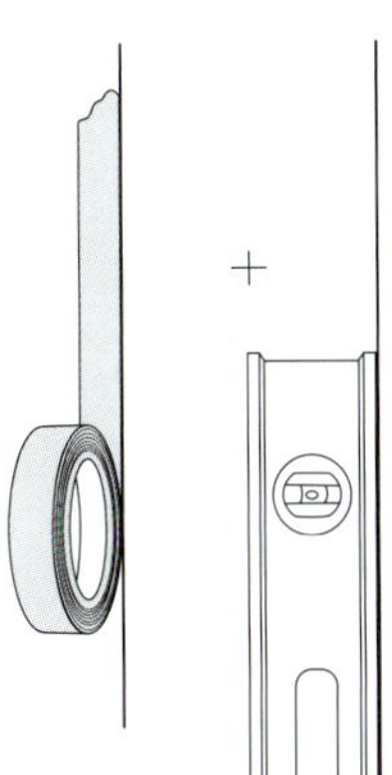

3. Mittelstreifen außen abkleben und mit Wasserwaage kontrollieren.

4. Streifen markieren, abkleben und abwechselnd in Kontrastfarben streichen. Nach dem Antrocknen Malerband entfernen.

Bemalte Plastiktöpfe

ZUM WEGWERFEN MANCHMAL VIEL ZU SCHADE: RECYCELN SIE PLASTIKFLASCHEN, TETRAPAKS UND JOGHURTBECHER.

1. SCHRITT Plasikflaschen leeren und gründlich ausspülen. Sie müssen sauber und trocken sein.

2. SCHRITT Schneiden Sie die Flaschen in der gewünschten Höhe ab.

3. SCHRITT Stellen Sie die Behälter auf Zeitungspapier und bemalen Sie sie mit zwei oder drei Schichten Dispersionsfarbe. Damit die Farbe gut deckt, muss sie nach jedem Anstrich vollständig trocknen.

Bemalen Sie auch die Innenseiten der Behälter. Dadurch wirken sie noch edler. Sehr effektvoll ist es, wenn Sie für innen und außen unterschiedliche Farbnuancen verwenden.

Das brauchen Sie

- **Verschiedene Plastikflaschen und -behälter**
- **Scharfe Schere oder Universalmesser**
- **Zeitungspapier**
- **Pinsel**
- **Dispersionsfarbe**

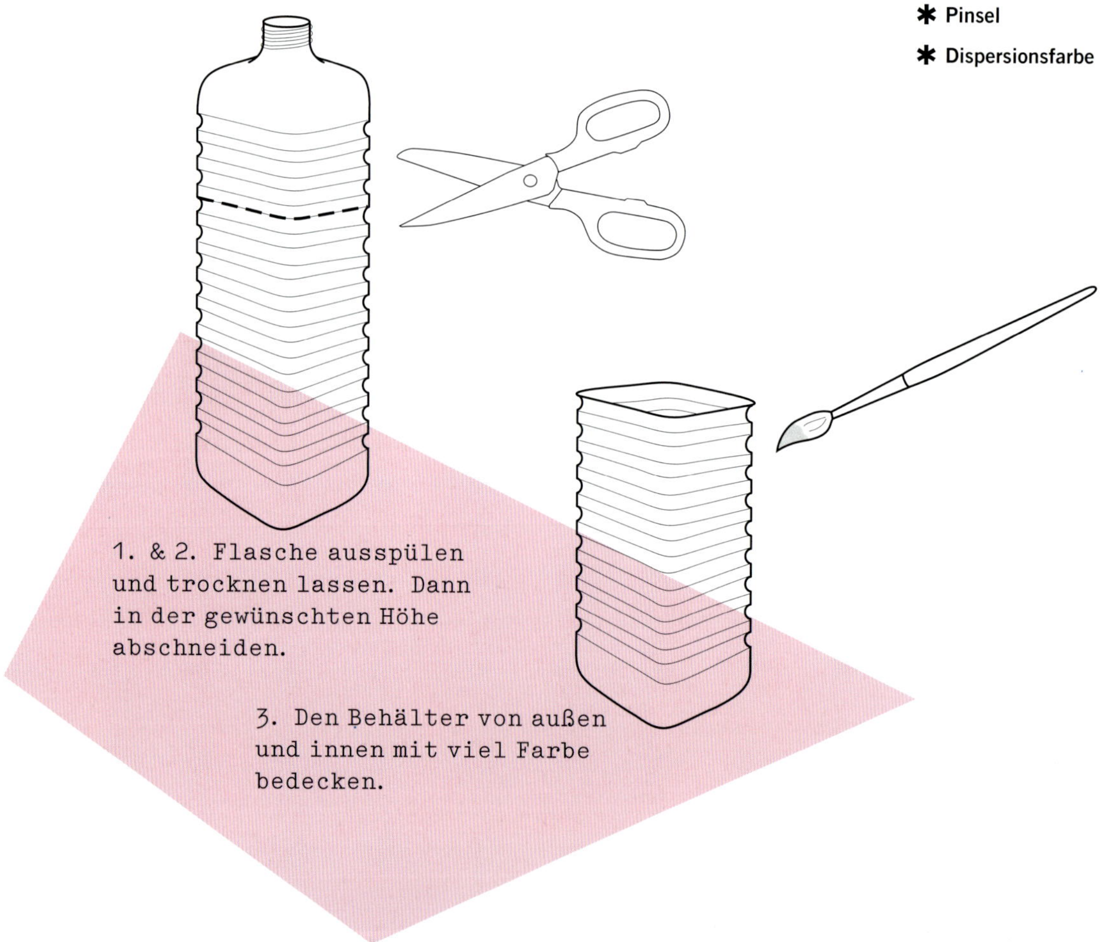

Coole Hussen für alte Stühle

BEZÜGE AUS KARIERTEM BAUMWOLLSTOFF VERWANDELN LANGWEILIGE KÜCHENSTÜHLE IN EDELMÖBEL – UND DAS MIT NUR EINEM EINZIGEN STÜCK STOFF.

Karierte Baumwolle ist preiswert, hübsch und relativ unempfindlich – ideal, um alte Stühle aufzupeppen.

1. SCHRITT Messen Sie den Stuhl aus und fertigen Sie aus einem großen Bogen Zeitungspapier einen Schnitt an: Übertragen Sie dazu die Umrisse der Sitzfläche und der Rückenlehne (vorne und hinten) auf das Papier plus 7,5 cm Saumzugabe an allen Seiten. Am Schluss schneiden Sie die Schablone aus.

2. SCHRITT Legen Sie den Schnitt auf den Stoff und schneiden Sie ihn entlang der Umrisskanten zu – so wie abgebildet. Dann passen Sie die Sitzfläche an. Die Seiten kürzen sie erst nach der ersten »Anprobe«.

3. SCHRITT Vorder- und Rückseite der Rückenlehne rechts auf rechts bis zum Falz zwischen Sitzfläche und Lehne zusammenstecken und steppen.

4. SCHRITT Zuletzt den Bezug rundum säumen, wenden und über den Stuhl ziehen.

Das brauchen Sie

* **Leichter Baumwollstoff mit Karomuster (z. B. Gingham)**
* **Maßband**
* **Stoffschere**
* **Stecknadeln**
* **Garn**

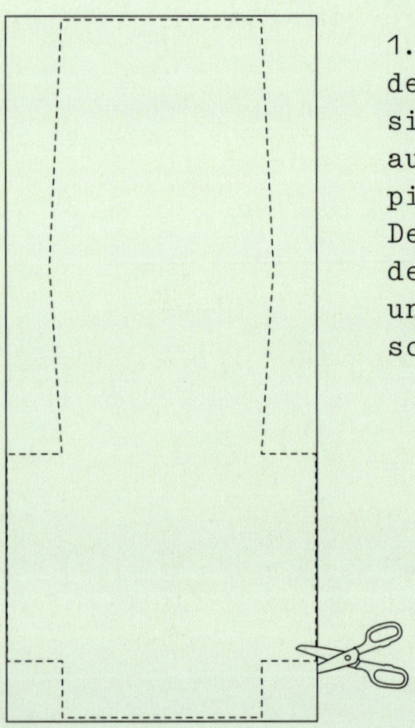

1. & 2. Die Umrisse des Stuhls inklusive Saumzugaben auf Zeitungspapier übertragen. Den Schnitt auf den Stoff legen und diesen zuschneiden.

3. Vorder- und Rückseite der Lehne bis zum Falz steppen.

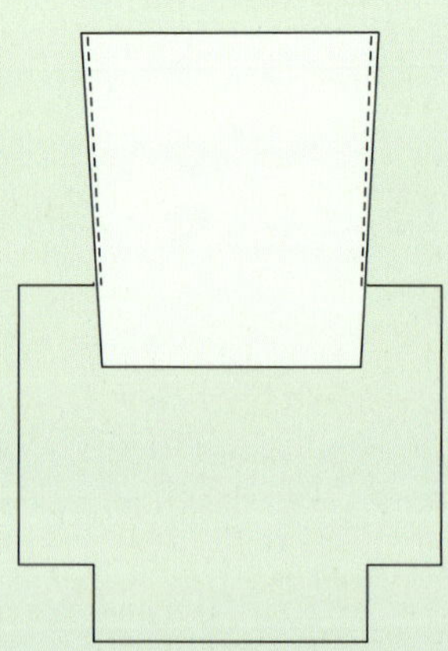

4. Bezug über den Stuhl ziehen und in der gewünschten Länge säumen.

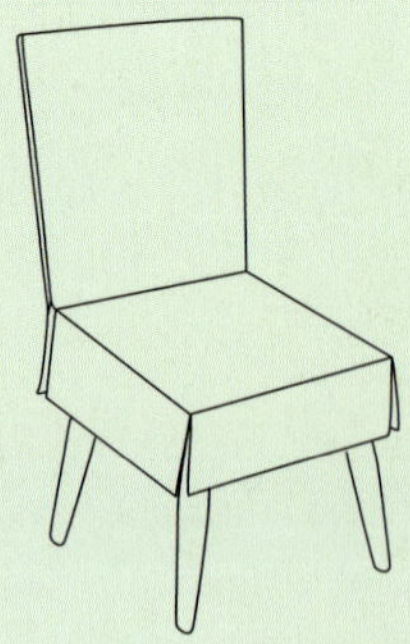

Ein Tisch vom Flohmarkt in neuem Look

AUCH DER ÄLTESTE TISCH VOM TRÖDEL LÄSST SICH MIT EINEM NEUEN ANSTRICH IN EIN ECHTES SCHMUCKSTÜCK VERWANDELN.

Verwenden Sie für den Anstrich einen strapazierfähigen Seidenmattlack.

1. SCHRITT Stellen Sie das ertrödelte Möbelstück auf mehrere Lagen Zeitungspapier oder eine Malerfolie und schleifen Sie es mit einem Schleifpapier mittlerer Körnung ab. Arbeiten Sie immer mit der Maserung, nie quer dazu. Enfernen Sie den Staub danach mit einem feuchten Tuch.

2. SCHRITT Tragen Sie eine Holzgrundierung auf, und zwar zuerst auf der Platte, dann auf den Beinen. Trocknen lassen, nochmals anschleifen und ein- oder zweimal vorstreichen.

3. SCHRITT Ist der Voranstrich getrocknet, schleifen Sie ihn mit feinem Schleifpapier an, säubern die Fläche und tragen am Ende den Lack auf.

„Die schönsten Stücke vom Flohmarkt sind schlicht und funktional.“

Frisiertisch mit Röckchen

DRAPIEREN SIE IHRE KOSTBARKEITEN AUF EINEM HÜBSCH LACKIERTEN ALTEN WICKELTISCH MIT EINER TRANSPARENTEN SCHABRACKE.

Halbtransparente Stoffe wie Musselin sind lichtdurchlässig und als Schabracke wunderhübsch.

1. SCHRITT Den Wickeltisch weiß lackieren (siehe S. 124)

2. SCHRITT Messen Sie Breite und Höhe des Tischchens ab und schneiden Sie den Stoff für die Schabracke entsprechend zu. Kalkulieren Sie in der Breite eine Zugabe für das Kräuseln (ca. 25–35 cm) plus 1 cm rechts und links für die Säume ein. Oben und unten sind 3 cm Saumzugabe nötig.

3. SCHRITT Säumen Sie zuerst die Schmalseiten der Schabracke (je 1 cm breit), dann die Ober- und Unterkante (je 3 cm breit).

4. SCHRITT Steppen Sie das Zierband an der oberen Kante unterhalb des Umschlags auf. Das Zierband sollte etwa 2 cm unterhalb der Oberkante des Vorhangs sitzen.

5. SCHRITT Ziehen Sie das Baumwollband durch den oberen Umschlag und befestigen Sie die Schabracke an beiden Enden des Baumwollbands mit Reißnägeln rechts und links an der Kommode.

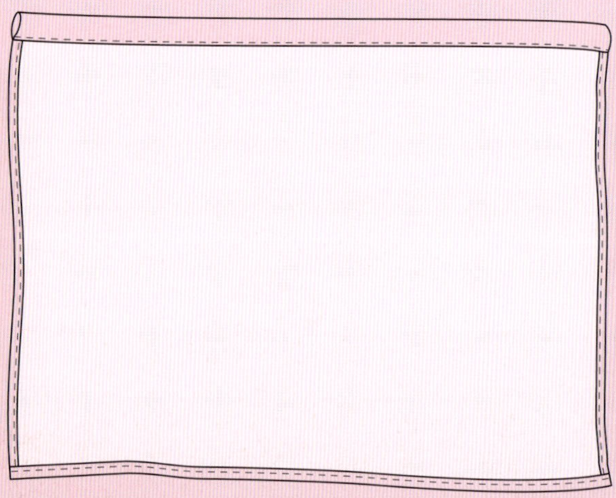

1., 2. & 3. Wickeltisch weiß lackieren; Stoff ausmessen und zuschneiden; an den Seiten 1 cm breit, oben und unten 3 cm breit säumen.

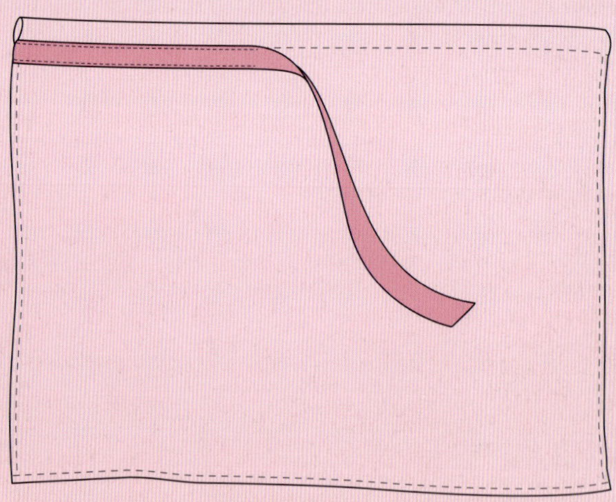

4. & 5. Zierband auf die obere Kante steppen, Baumwollband durch den Tunnel ziehen und Schabracke befestigen.

Das brauchen Sie

- ✱ Kleiner Wickeltisch
- ✱ Zeitung oder Malerfolie
- ✱ Schleifpapier mittlerer Körnung
- ✱ Holzgrundierung
- ✱ Großer Pinsel
- ✱ Weiße Farbe
- ✱ Maßband
- ✱ Leichter Stoff
- ✱ Nähgarn
- ✱ Zierband (2,5 cm breit)
- ✱ Baumwollband (2 cm breit)
- ✱ Reißnägel

Flower-Power-Kissen mit Applikationen

VERTREIBEN SIE DEN GRAUEN WINTER MIT HÜBSCHEN SOMMERBLUMEN.
BUNTE BLÜTEN AUS BAUMWOLLSTOFF MACHEN GUTE LAUNE!

1. SCHRITT Schneiden Sie aus einfarbigem Baumwollstoff zwei Rechtecke in Kissengröße aus. Kalkulieren Sie eine Saum- bzw. Nahtzugabe von 2,5 cm an allen Seiten ein. Die Saumzugabe an einer Schmalseite einschlagen und steppen.

2. SCHRITT Zeichnen Sie die Umrisse unterschiedlich großer Blüten auf Karton und schneiden Sie die Blüten aus. Fertigen Sie mit Hilfe Ihrer Schablone Blüten aus Stoffresten an, arrangieren Sie diese auf dem Kissenbezug und stecken Sie sie fest. Applizieren Sie die Blüten mit farbigem Garn entweder von Hand oder mit der Maschine. Perfektionisten versäubern die Blüten vor dem Festheften.

3. SCHRITT Stecken Sie beide Teile des Kissenbezugs rechts auf rechts aufeinander und steppen Sie das Ganze entlang der nicht gesäumten Kanten.

4. SCHRITT Kordel, Leinen- oder Baumwollband in 8 etwa 20 cm lange Stücke schneiden. Jeweils ein Ende sauber unterschlagen und die Bändel in gleichmäßigem Abstand und genau einander gegenüberliegend an den beiden Säumen des Bezugs annähen. Bezug wenden, Kissen beziehen und Bänder zu Schleifen binden.

Das brauchen Sie

- ✱ **Einfarbiger Baumwollstoff für den Bezug**
- ✱ **Gemusterte Stoffreste aus Baumwolle für die Applikationen**
- ✱ **Pappkarton oder festes Papier**
- ✱ **Stecknadeln**
- ✱ **Nähgarn**
- ✱ **Stoffschere**
- ✱ **Kordel, Leinen- oder Baumwollband (etwa 160 cm)**
- ✱ **Kissen**

1. Für den Bezug zwei Stücke Stoff zuschneiden und an einer Schmalseite säumen.

2. Blüten unterschiedlicher Größe ausschneiden und auf den Bezug nähen.

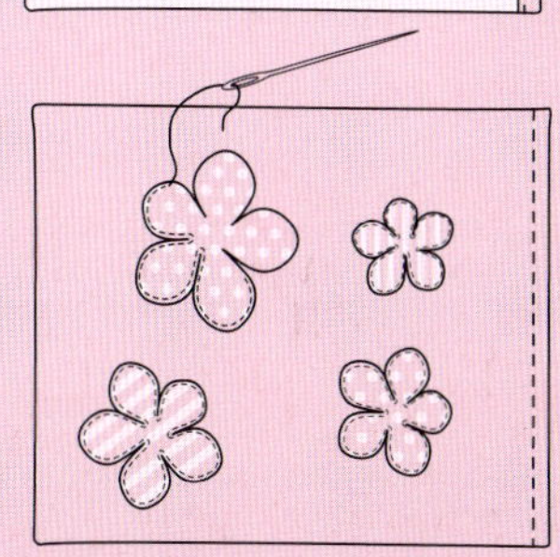

3. Bezug an den drei nicht gesäumten Kanten rechts auf rechts zusammennähen.

4. Bänder an die Öffnung heften.

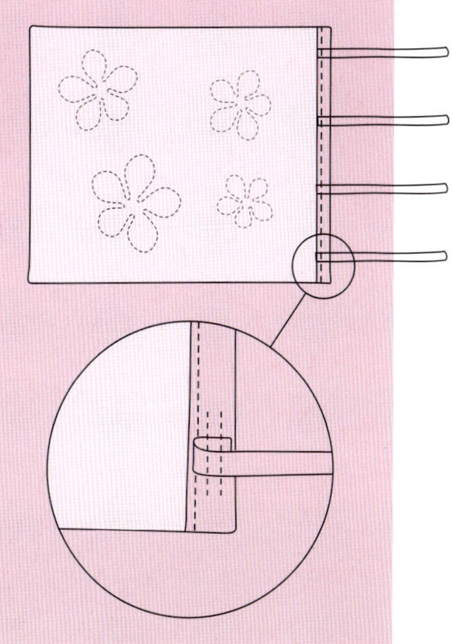

Rüschenschürze

SIE HABEN EIN FAIBLE FÜRS ROMANTISCHE? DIESE HÜBSCHE RÜSCHENSCHÜRZE AUS KAROSTOFF KÖNNEN SIE SICH GANZ EINFACH SELBER NÄHEN.

1. SCHRITT Schnitteile mit jeweils 2,5 cm Naht- bzw. Saumzugabe zuschneiden.

2. SCHRITT Zackenlitze 1,5 cm vom Rand der Schürzenvorderseite (A) aufstecken und aufsteppen.

3. SCHRITT Für die Rüsche legen Sie die Bänder (B) rechts auf rechts und steppen eine Seite. Nahtzugabe auseinander bügeln. Eine Längskante 1 cm breit umschlagen und säumen. 1 cm unterhalb der anderen Stoffkante mit großen Stichen zwei parallele Nähte steppen. Durch Anziehen der Unterfäden kräuseln Sie die Rüsche gleichmäßig auf die gewünschte Länge. Unter- und Oberfäden mit Knoten sichern.

4. SCHRITT Stecken Sie die Rüsche rechts auf rechts auf die Schürze, steppen Sie sie im Nahtschatten der unteren Kräuselnaht fest und bügeln Sie die Nahtzugaben nach unten.

5. SCHRITT Säumen Sie die Schürzenbändel (C) ringsum 1 cm breit.

6. SCHRITT Den Bund (D) in der Mitte knicken und an allen Seiten 1 cm breit nach innen umbügeln. Kräuseln Sie die Oberkante der Schürze (A), wie in Schritt 3 beschrieben, auf die Weite des Bundes. Bund aufstecken, Bändel seitlich unterschieben und Bund ringsum feststeppen.

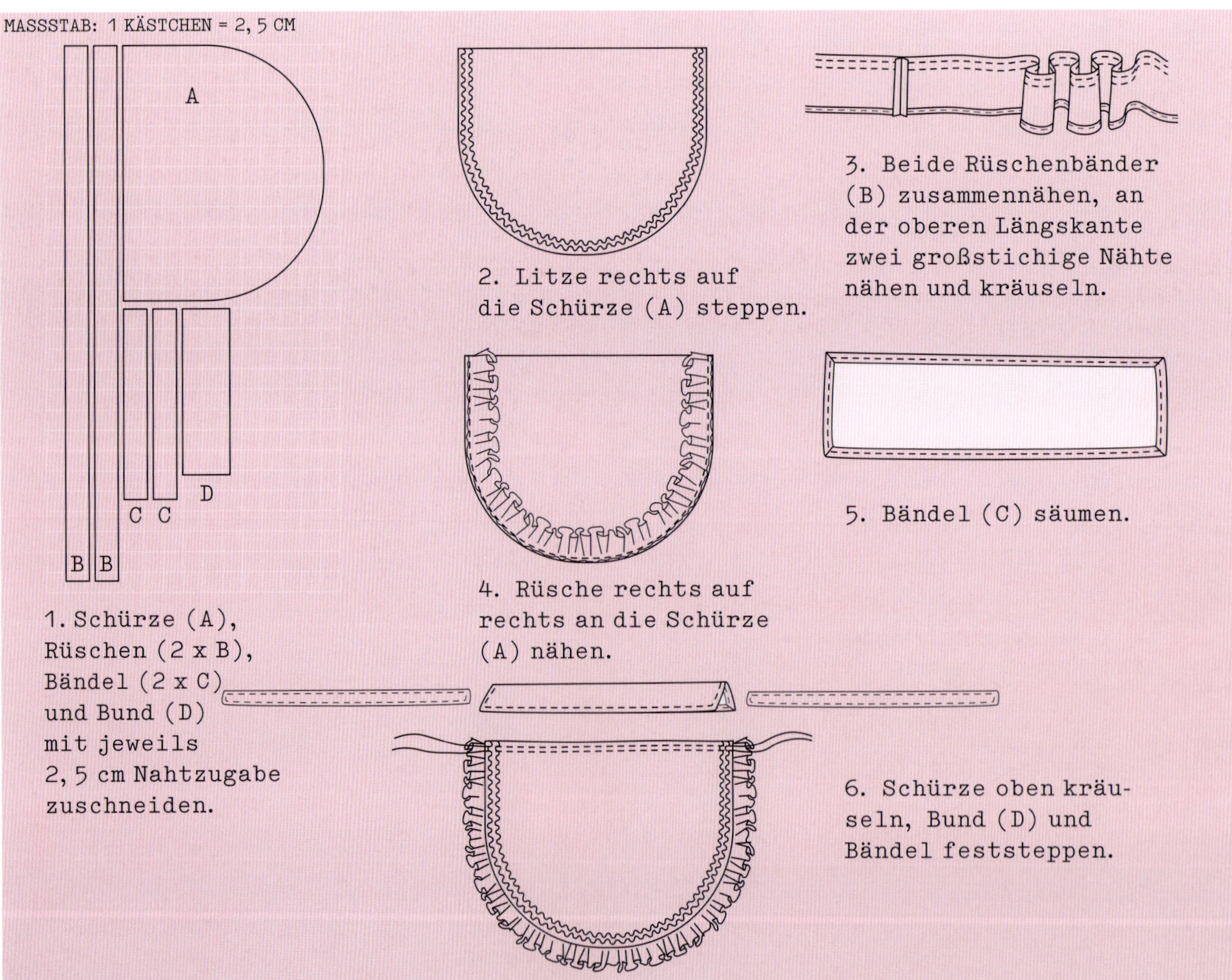

Das brauchen Sie

- ✱ Leichter Baumwollsoff mit Karomuster (z. B. Gingham)
- ✱ Nähgarn
- ✱ Zackenlitze
- ✱ Stoffschere
- ✱ Stecknadeln

Waschbarer Sesselbezug

NIE MEHR SCHOKOFLECKEN AUF DEM SESSEL. DIESER ABNEHMBARE, PFLEGELEICHTE BEZUG AUS GESTREIFTEM MATRATZENSTOFF SIEHT NACH JEDER WÄSCHE AUS WIE NEU.

Ein Tipp vorab: Prüfen Sie während der Arbeit immer wieder die Passform des Bezugs, damit Sie keine böse Überraschung erleben. Er muss ja nicht hundertprozentig sitzen – ein paar Falten stehen dem Bezug sogar ganz gut – aber gerade an den Armlehnen heißt es immer wieder neu stecken, heften und schneiden. Ist der Sessel symmetrisch, können Sie den Bezug auf Links wenden und über den Sessel stülpen: So ist das Nachbessern ein Kinderspiel. Die Sesselbezüge dürfen beim Waschen nicht einlaufen. Waschen Sie den Stoff deshalb, bevor Sie ihn verarbeiten.

1. SCHRITT Fertigen Sie für jede Fläche des Sessels und für die Polster einen Schnitt aus Zeitungspapier an. Breiten Sie den Stoff auf einem großen Tisch oder auf dem Fußboden aus und schneiden Sie alle Teile mit einer Nahtzugabe von 7,5 cm aus. Alternative: Legen Sie den Stoff wie in der Abbildung (siehe S. 135 rechts oben) direkt auf den Sessel und schneiden Sie ihn zu. Lassen Sie auch hier großzügige Naht- und Saumzugaben.

2. SCHRITT Bei allen Zuschnitten zunächst 7,5 cm Nahtzugabe anschneiden. Schneiden Sie zuerst den Stoff für die Vorderseite der Rückenlehne zu und stecken Sie ihn mit der linken Seite nach außen an der Rückenlehne fest. Anschließend den Stoff für die Sitzfläche zuschneiden und gleichfalls mit der linken Seite nach außen auf dem Sessel feststecken. Innenteile der Armlehnen zuschneiden und an Rückenlehne und Sitzfläche stecken. Vordere Umrandung und Vorderteile der Armlehnen und zuletzt den Stoff für die Rückseite der Lehne feststecken.

3. SCHRITT Nahtzugaben überall auf 2 cm zurückschneiden. Nadeln nacheinander entfernen und die Stoffteile passend zusammenstecken. Bezug abnehmen und Nähte mit Reihgarn heften. Wenn der Bezug passt, können Sie die Nähte steppen. Bezug wenden, Säume auf die richtige Länge umschlagen, stecken und steppen. Bügeln Sie die Nähte des Bezugs von links auseinander und beziehen Sie den Sessel.

4. SCHRITT Für das Sitzkissen zwei Stoffstücke in der passenden Größe mit jeweils 2 cm Nahtzugabe zuschneiden. Den seitlichen Umfang des Kissens ausmessen und einen entsprechenden Seitenstreifen zuschneiden, ebenfalls mit 2 cm Nahtzugabe.

5. SCHRITT Seitenstreifen rechts auf rechts ans Oberteil stecken und 2 cm von der Kante entfernt steppen. Nahtzugaben an den Ecken schräg abschneiden. Das Unterteil auf die gleiche Weise feststeppen. Auf der Rückseite eine Öffnung für das Kissen lassen. Bezug wenden, Polster reinschieben und die Öffnung mit der Hand zunähen.

Das brauchen Sie

- **Fester Stoff, z. B. Matratzenstoff**
- **Zeitungspapier**
- **Maßband**
- **Schneiderkreide**
- **Stoffschere**
- **Stecknadeln**
- **Festes Nähgarn**

Fortsetzung auf der nächsten Doppelseite ☞

1. Konturen des Sessels aufzeichnen und Schnitte anfertigen. Stoffteile mit 7,5 cm Nahtzugabe zuschneiden.

2 & 3. Alle Stoffteile wie hier dargestellt auf den Sessel legen und feststecken. Die Nahtzugaben auf 2 cm zurückschneiden. Nähte schließen. Bezug wenden, Säume auf passende Länge umschlagen und steppen.

4 & 5. Konturen des Sitzkissens aufzeichnen und Schablonen anfertigen. Stoffteile mit 2 cm Nahtzugabe zuschneiden. Ober- und Unterteil an Seitenstreifen nähen. Beim Feststeppen des Unterteils eine Öffnung auf der Rückseite lassen. Das Polster hineinschieben und die Öffnung per Hand zunähen. Profis nähen einen Reißverschluss ein.

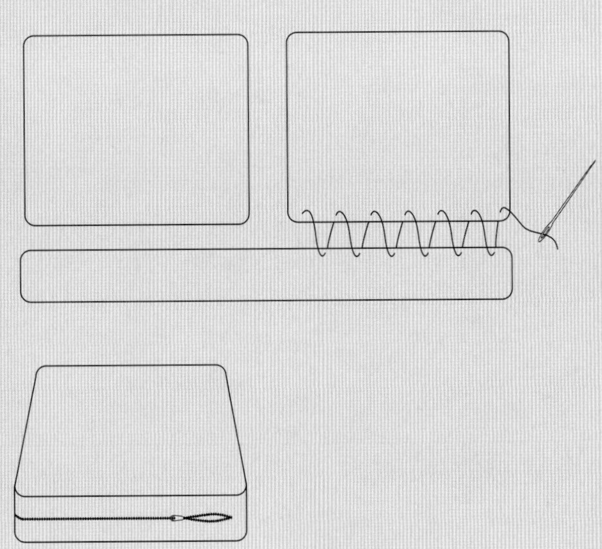

Kommode mit Kontur

BELEBEN SIE EINE ALTE KOMMODE MIT FARBSTREIFEN. DAZU BRAUCHEN SIE NUR EINE RUHIGE HAND. HIER SORGT KORNBLUMENBLAU FÜR EINEN WUNDERSCHÖNEN KONTRAST.

Achten Sie beim Abkleben der Schubladenfronten darauf, dass das Malerband überall gut haftet, damit keine Farbe darunter fließen und die Konturen verwischen kann.

1. SCHRITT Die Kommode, wie auf Seite 124 beschrieben, weiß lackieren. Ziehen Sie zum Anstreichen alle Schubladen heraus. Beginnen sie erst mit den Arbeiten an der Kontur, wenn die weiße Farbe vollständig getrocknet ist.

2. SCHRITT Kleben Sie an den Außenkanten der Schubladenfronten mit einem speziellen Malerband für Lacke einen etwa 2,5 cm breiten Streifen ab. Lackieren Sie den Streifen mit einem schmalen Pinsel in einer kräftigen Farbe. Wenn Sie für die Kontur einen zweiten Anstrich aufbringen, leuchtet die Farbe besonders schön.

3. SCHRITT Ziehen Sie das Malerband erst ab, wenn die Farbe der Kontur vollständig getrocknet ist.

„Mit kleinen Details wie farblich abgesetzten Konturen geben Sie einer alten Kommode einen ganz neuen Look.“

Bilderrahmen am laufenden Band

HÜBSCH BEMALTE RAHMEN, MIT BUNTEN BÄNDERN VERBUNDEN, BRINGEN IHRE LIEBLINGSFOTOS BESTENS ZUR GELTUNG.

Das Kunststück besteht darin, die Bilder in der richtigen Reihenfolge zu arrangieren: Heften Sie zuerst das Band an die Wand und bringen Sie erst dann die gerahmten Bilder mit Stahlnägeln an der gewünschten Stelle an. Verwenden Sie Rahmen unterschiedlicher Größe, dann wirkt das Arrangement besonders abwechslungsreich.

1. SCHRITT Rauen Sie alte Holz- oder Kunststoffrahmen mit Schleifpapier mittlerer Körnung etwas an. Nach dem Grundieren erhalten die Rahmen zwei Anstriche mit Lack. Lassen Sie die Rahmen nach jedem Anstrich vollständig trocknen. Wenn die letzte Farbschicht getrocknet ist, können Sie Ihre Lieblingsbilder und -fotos rahmen.

2. SCHRITT Heften Sie drei etwa 120 cm lange Satin-, Samt- oder Baumwollbänder an die Wand. Binden Sie aus drei weiteren, etwa 20 cm langen Stücken desselben Bandes drei Schleifen. Befestigen Sie die Schleifen am oberen Abschluss der Bänder, um die Heftzwecken darunter zu kaschieren.

3. SCHRITT Die gerahmten Bilder mittig auf den Bändern platzieren. Beginnen Sie mit dem ersten Bild direkt unterhalb der Schleife. Schlagen Sie dazu einen Stahlnagel an der entsprechenden Stelle durch das Band in die Wand. Fahren Sie so fort und lassen Sie unterschiedliche Abstände zwischen den einzelnen Bildern.

Das brauchen Sie

* **Etwa zehn alte Bilderrahmen**
* **Schleifpapier mittlerer Körnung**
* **Zeitungspapier**
* **Grundierung**
* **Lack**
* **Pinsel**
* **Breites Band aus Satin, Samt oder Baumwolle (etwa 420 cm)**
* **Schere**
* **Heftzwecken zum Befestigen der Bänder**
* **Stahlnägel zum Befestigen der Bilder**
* **Hammer**

Kissenbezug mit Schleifen

TÜRKISFARBENE ZACKENLITZE UND VERSCHLUSSBÄNDER IM GLEICHEN FARBTON MACHEN DIESES KISSEN ZU EINEM ECHTEN HINGUCKER.

Das brauchen Sie

Kissenbezug für ein Kissen mit den Maßen 48 x 74 cm:

* **Leichter Baumwoll- oder Leinenstoff (50 x 165 cm)**
* **Nähgarn**
* **Zackenlitze (220 cm)**
* **Zierband (120 cm)**
* **Kissen (48 cm x 74 cm)**

1. SCHRITT Schneiden Sie die Oberseite der Kissenhülle (A) in der passenden Größe zuzüglich 2 cm Nahtzugabe zu. Schneiden Sie für die Unterseite zwei Stoffstücke (B und C) zu, die jeweils 2/3 der Länge der Oberseite besitzen – zuzüglich 2 cm Nahtzugabe.

2. SCHRITT Steppen Sie die Zackenlitze auf die rechte Stoffseite der Oberseite (A), rundum mit 4 cm Abstand vom Rand. Beide Unterseiten (B und C) jeweils an einer Seite umschlagen und 2 cm breit säumen. Nach dem Bügeln die Unterseiten B und C rechts auf rechts auf die Oberseite A legen, sodass sich die gesäumten Kanten überlappen. Die drei Teile stecken und die Nähte schließen.

3. SCHRITT Wenden und bügeln Sie den Bezug. Schneiden Sie für die Schlaufen sechs 20 cm lange Bänder zu. Steppen Sie drei Bänder in gleichmäßigem Abstand an der Kante der oben liegenden Kissenunterseite fest, dazu die Bandenden etwa 2 cm einschlagen. Das jeweilige Bandgegenstück wird in entsprechendem Abstand an der unten liegenden Kissenunterseite festgesteppt. Die Schleifenenden ebenfalls versäubern.

4. SCHRITT Schieben Sie das Kissen in den Bezug und binden Sie die Bänder zu Schleifen.

MASSSTAB: 1 KÄSTCHEN = 2,5 CM

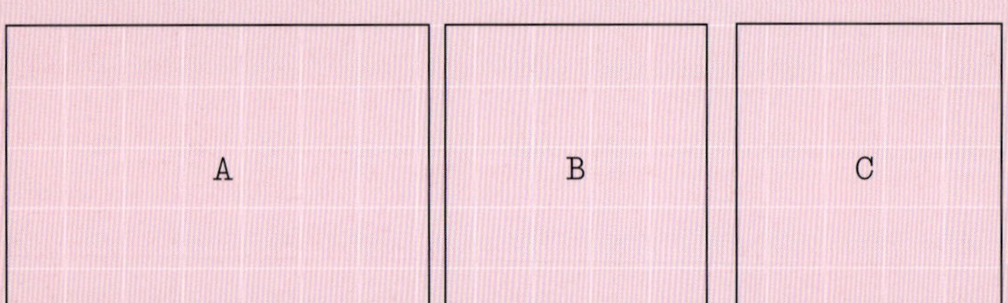

1. Oberseite (A) und Unterseiten (B und C) zuschneiden.

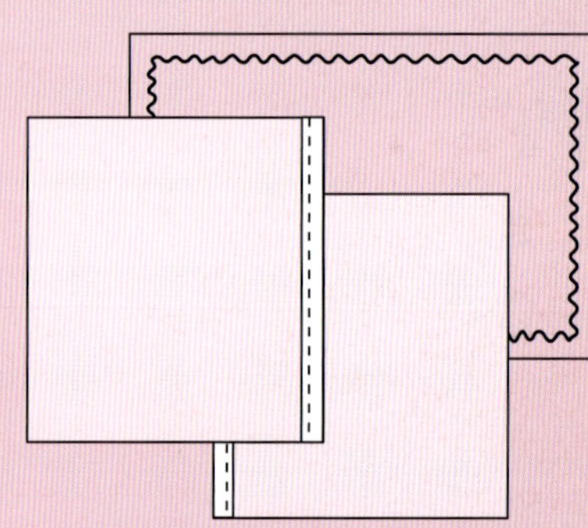

2. Zackenlitze auf das Vorderteil nähen. Beide Unterseiten an einer kurzen Kante säumen und dann den Bezug zusammennähen.

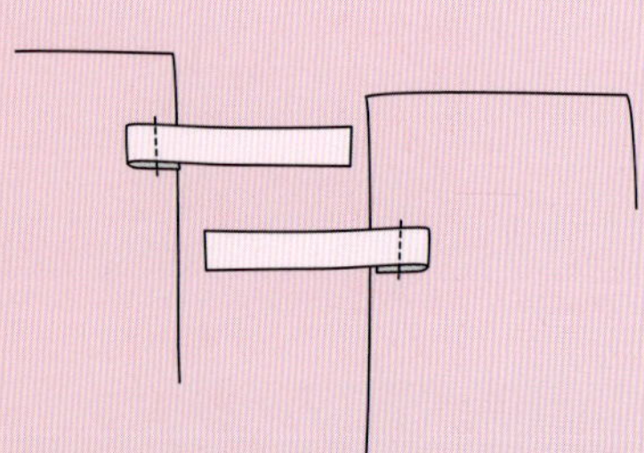

3. Bänder paarweise an die gesäumte Kissenöffnung nähen.

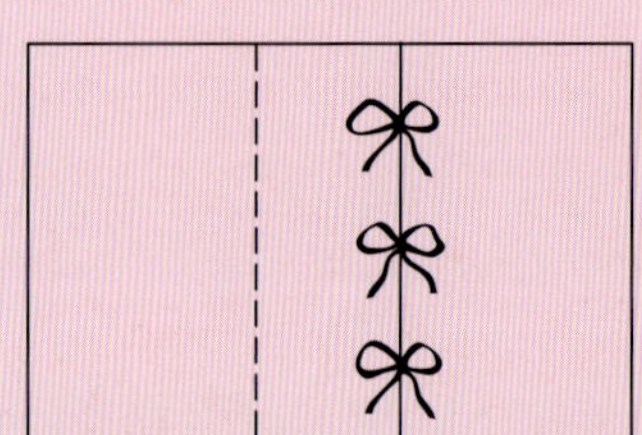

4. Bezug über ein Kissen streifen und Schleifen binden.

Farbenfrohe Handtücher

HAUCHEN SIE DEN ALTEN, GRAUEN HANDTÜCHERN NEUES LEBEN EIN – DURCH EIN BAD IN PINK UND VIOLETT. MIT DEM WITZIGEN AUFHÄNGER WERDEN SIE ZUM ACCESSOIRE.

Das beste Resultat erzielen Sie, wenn Sie das Färbemittel mit dem Salz direkt in die Waschtrommel schütten und dann die Handtücher hineingeben. Färben Sie nicht zu viele Tücher auf einmal und waschen Sie sie nach dem Färben besser immer separat.

1. SCHRITT Wiegen Sie die Handtücher, damit Sie wissen, wieviel Farbe Sie brauchen. In der Regel reicht eine Packung Textilfarbe für 500 g Stoff. Färben Sie mehr Stoff, fällt die Farbe etwas blasser aus. Waschen Sie die Handtücher vor dem Färben im Schnellwaschgang. Sollten Sie sich entscheiden, neue Handtücher zu färben, bitte unbedingt vorher waschen, damit die Appretur den Färbevorgang nicht behindert. Vor dem Färben sollten die Tücher etwas feucht sein, so werden sie gleichmäßiger durchgefärbt.

2. SCHRITT Streifen Sie Gummihandschuhe über und geben Sie die aufgelöste Farbe und das Salz direkt in die Trommel, nicht in die Waschmittelkammer der Maschine. Legen Sie die feuchten Handtücher darauf und schalten den Hauptwaschgang bei 60° C bzw. gemäß Anleitung auf der Packung des Färbemittels ein. Stellen Sie keine Vorwäsche ein. Nach dem Färbevorgang die Handtücher mit Waschpulver so heiß wie möglich waschen, am besten bei 95° C. Wenn Sie dem letzten Spülgang etwas Essig beigeben, hält die Farbe länger. Gefärbte Handtücher nie in der Sonne oder über der Heizung trocknen. Wurden die Handtücher nicht »ausgekocht«, ist es ratsam, sie separat zu waschen, damit die übrige Wäsche nicht verfärbt wird.

3. SCHRITT Für die Aufhänger einen Stoffstreifen (8 x 15 cm) der Länge nach rechts auf rechts falten und an beiden Längskanten sowie einer Schmalseite steppen. Streifen wenden und an das Handtuch steppen. Dabei das offene Ende nach unten einschlagen.

Das brauchen Sie

- **Ehemals weiße Handtücher**
- **Gummihandschuhe**
- **Textilfarbe für die Waschmaschine**
- **500 g Salz**
- **Karierter Baumwollstoff für Aufhänger (8 x 15 cm)**
- **Nähgarn**

Tischdecke aus Geschirrtüchern

NÄHEN SIE EINE EINZIGARTIGE PATCHWORKDECKE AUS GESCHIRRTÜCHERN – MIT DIESER TISCHDECKE WERDEN SIE IHRE GÄSTE 100-PROZENTIG BEEINDRUCKEN.

Das brauchen Sie

* **Gleichgroße Geschirrtücher, z. B. aus der Gastronomie**
* **Nähgarn**
* **Schrägband oder Stofffreifen für die Einfassung (6 cm breit)**

1. SCHRITT Geschirrtücher rechts auf rechts legen, an einer Seite zusammenstecken und steppen. Bügeln Sie die Nahtzugaben auseinander.

2. SCHRITT Schneiden Sie für die Einfassung der Schmalseiten zwei passende Stoffstreifen mit 1 cm Nahtzugabe zu. Einfassung rechts auf rechts auf die Kanten der Tischdecke legen, feststecken und steppen.

3. SCHRITT Einfassung umbügeln und auf der Rückseite der Tischdecke mit der Hand annähen. Schlagen Sie dabei die Kanten in Saumbreite nach innen ein.

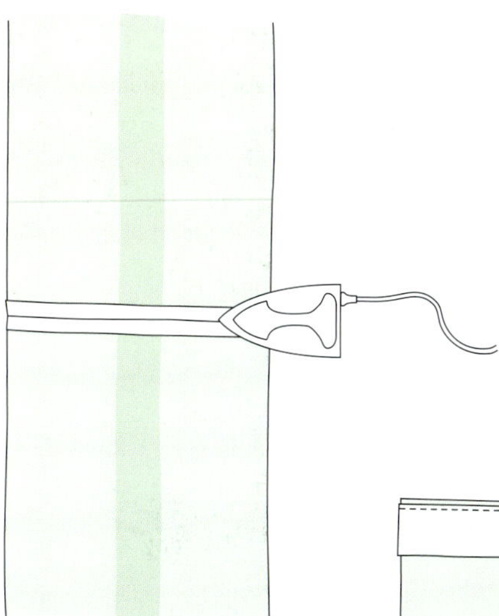

1. Geschirrtücher zusammennähen. Nahtzugaben auseinander bügeln.

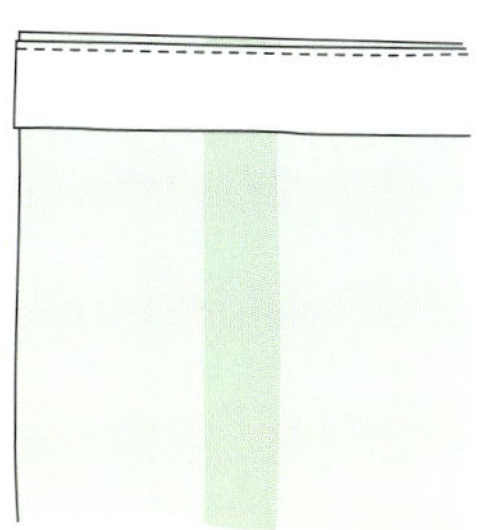

2. Einfassung rechts auf rechts feststeppen.

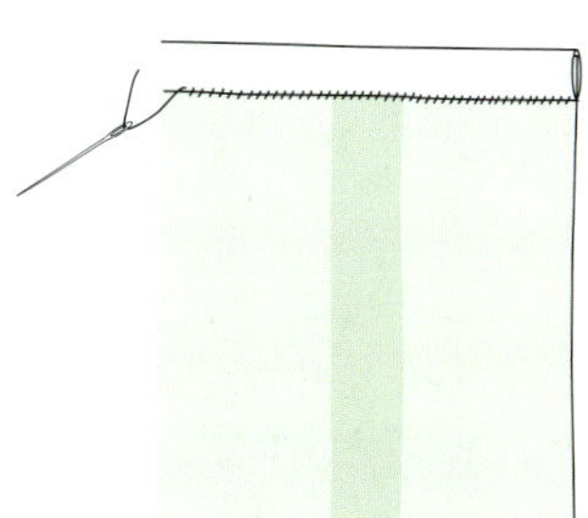

3. Einfassung falten und auf der Rückseite mit der Hand annähen.

Vorhang aus Matratzenstoff

EIN NEUES KLEID FÜR DIE FENSTER! SCHLAUFENVORHÄNGE SIND LEICHT ZU NÄHEN.

1. SCHRITT Stoffteile wie auf der nebenstehenden Zeichnung zuschneiden. Die Länge von A und B entspricht der Breite von C und D. Jeweils 2,5 cm Nahtzugabe dazugeben.

2. SCHRITT A mit der Längskante auf die schmale Kante von C rechts auf rechts legen und mit 2,5 cm Nahtzugabe steppen. Nahtzugaben auseinander bügeln.

3. SCHRITT Oberkante und Längskanten jeweils 2,5 cm breit säumen. Ecken sauber arbeiten!

4. SCHRITT Die Quernaht zwischen A und C auf rechts mit einer Bordüre verblenden.

5. SCHRITT Unten 2 cm zweimal nach innen umschlagen, stecken, bügeln und den Vorhang mit der Hand säumen.

6. SCHRITT Den zweiten Vorhang (B und D) auf dieselbe Weise anfertigen. Achtung: Beide Vorhänge müssen gleich lang sein.

7. SCHRITT 14 Stoffbänder von je 25 cm Länge (7 pro Vorhang) doppelt legen und in gleichmäßigem Abstand an die obere Kante nähen. Alternativ: Bänder halbieren und nach dem Annähen an der Stange verknoten.

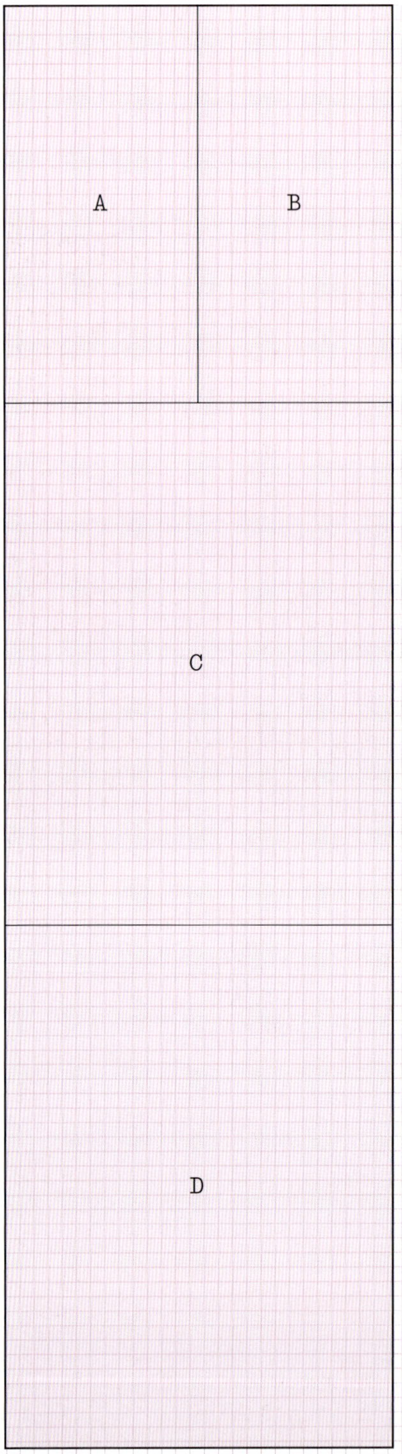

MASSSTAB: 1 KÄSTCHEN = 2,5 CM

1. Den Stoff wie hier dargestellt zuschneiden.

Das brauchen Sie

- **Für zwei Vorhangschals (3,25 m lang und 140 cm breit) benötigen Sie 6,70 m Stoff, der 150 cm breit liegt**
- **Nähgarn**
- **Stoffbordüre zum Verblenden (290 cm)**
- **Stoffband für Schlaufen (350 cm)**

2. A und C zusammennähen.
Saumzugabe: 2,5 cm.

3. Den Vorhang an den
Seiten und oben säumen.

4. Die Naht zwischen A und C
mit einer Bordüre verblenden.

5. Vorhang rundum säumen oder mit
Schmuckband einfassen (siehe S. 145).

Bunte Sommerdecke mit Bändern

EIN LAKEN IST DIE IDEALE BETTDECKE FÜR HEISSE SOMMERNÄCHTE: AUS BAUMWOLLE, GEFÄRBT IN LEUCHTENDEM PINK UND MIT STREIFEN VERZIERT.

1. SCHRITT Das Laken färben (siehe S. 143). Achtung: Das gefärbte Laken anfangs immer separat waschen.

2. SCHRITT Im gewünschten Abstand zum oberen Saum des Lakens mehrere bunte Bänder aufsteppen.

Probieren Sie auch andere Verzierungen aus, z. B. Bordüren mit Lochstickereien, die Sie in Ihrer Lieblingsfarbe eingefärbt haben.

Das brauchen Sie

* **Baumwolllaken, etwa 140 cm breit**
* **Gummihandschuhe**
* **Textilfarbe für die Waschmaschine**
* **500 g Salz**
* **Bänder aus Baumwollsamt und aus Seide (je 145 cm)**
* **Nähgarn**

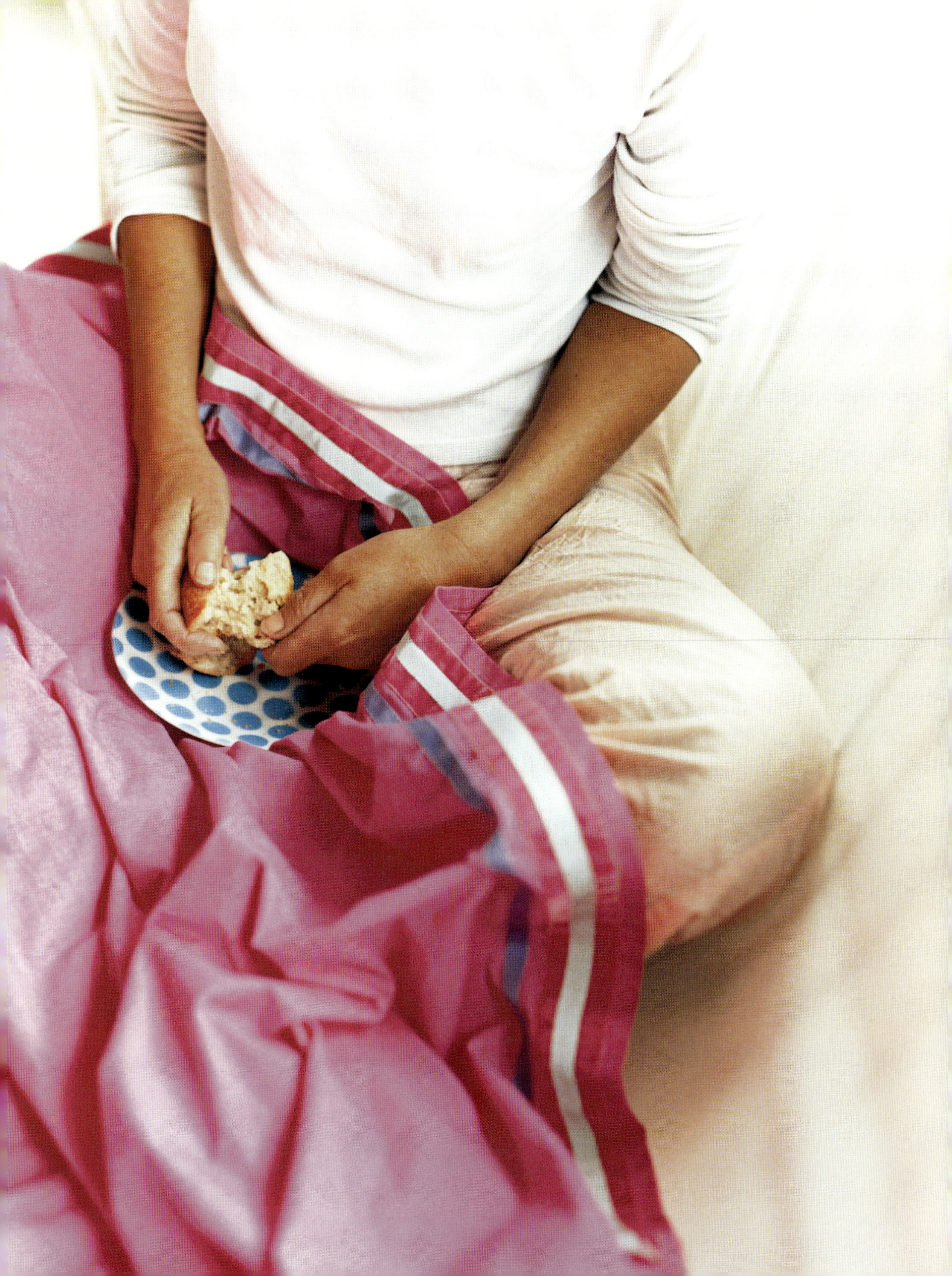

Romantischer Lampenschirm

DEKORIEREN SIE EINEN SCHLICHTEN LAMPENSCHIRM MIT BÄNDERN ODER SCHLEIFEN UND VERZIEREN SIE IHN WIE EINEN FANTASTISCHEN HUT.

1. SCHRITT Messen Sie den unteren Umfang des Lampenschirms aus. Schneiden Sie nun einen 12 cm breiten, doppelt so langen Stoffstreifen zu. Schlagen Sie ihn an der unteren Längskante 1 cm nach innen ein und säumen ihn.

2. SCHRITT Die beiden Enden des Streifens rechts auf rechts aufeinander legen und steppen. Den Stoff an der unversäuberten Kante gleichmäßig kräuseln, bis die Rüsche genau an die Unterkante des Lampenschirms passt.

3. SCHRITT Die Rüsche mit der Hand am unteren Rand des Lampenschirms annähen und die Kante mit Zierband verblenden. Dazu wird das Band mit Stecknadeln fixiert und per Hand aufgenäht, und zwar so, dass die Kräuselnaht verdeckt ist. Für die Manschette an der Oberkante des Lampenschirms einen 5 cm breiten Stoffstreifen in passender Länge mit kleiner Nahtzugabe zuschneiden. Der Länge nach mittig falten und auf beiden Längsseiten einen jeweils 1 cm breiten Saum umbügeln. Die beiden Enden rechts auf rechts zusammenheften. Die Manschette mit der Hand annähen.

4. SCHRITT Für die Schleife ein 4 cm breites Stück Stoff entsprechend dem oberen Umfang des Lampenschirms zuschneiden. Streifen rechts auf rechts falten und an der Längsseite steppen, dann umstülpen und bügeln. Die Enden zur Mitte falten und anstecken. Ein weiteres Band aus einem 8 x 4 cm großen Stück Stoff anfertigen, um die Mitte der Schleife falten und ebenfalls fixieren. Die Schleife mit der Hand am Lampenschirm festnähen.

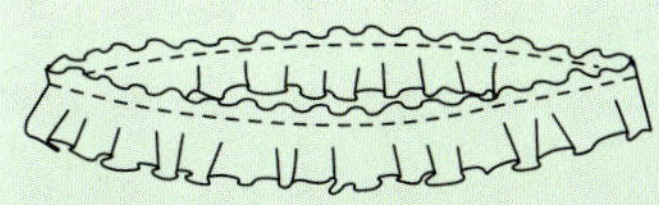

1. & 2. Umfang des Lampenschirms ausmessen und Rüsche anfertigen.

4. Rüsche an den Schirm nähen, Naht mit Zierband verblenden. Oberen Rand des Schirms mit Manschette verzieren.

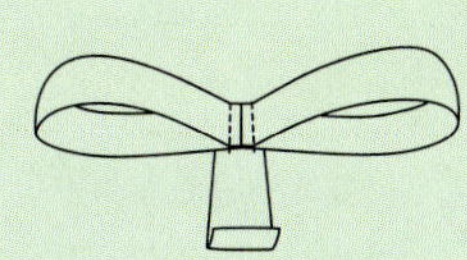

5. Stoffschleife herstellen und am Schirm befestigen.

Das brauchen Sie

- ✱ Großer Lampenschirm
- ✱ Karierter Baumwollstoff
- ✱ Nähgarn
- ✱ Stoffschere
- ✱ Zierband

Gartenstühle mit Vergangenheit

VERWANDELN SIE AUSGEDIENTE REGIESTÜHLE IN STRAPAZIERFÄHIGE GARTENSTÜHLE, INDEM SIE DIE AUSGELEIERTE BESPANNUNG DURCH SEGELTUCH ERSETZEN.

1. SCHRITT Reinigen Sie das Holz der Stühle zuerst gründlich. Alte Nägel entfernen Sie gegebenenfalls.

2. SCHRITT Schneiden Sie zwei identische Rückenlehnen in der passenden Größe zu: eine aus festem Segeltuch, die andere aus leichtem, gemusterten Baumwollstoff. Addieren Sie zu der Breite der Rückenlehne noch den Holmumfang, da der Stoff um den Holm gespannt wird. Als Nahtzugabe rundum 2 cm anschneiden. Segeltuch und Baumwollstoff rechts auf rechts aufeinander legen und an drei Seiten steppen. Wenden und die vierte Seite mit der Hand schließen. Die Sitzfläche fertigen Sie nach dem gleichen Verfahren.

3. SCHRITT Rückenlehne und Sitzfläche auf das Holzgestell spannen und an jeder Seite mit fünf bis sechs Polsternägeln fixieren. Sie können die Stoffbespannung auch festtackern.

Das brauchen Sie

- **2 Regiestühle**
- **Beißzange**
- **Maßband**
- **Segeltuch**
- **Leichter Baumwollstoff**
- **Nähgarn**
- **Polsternägel und Hammer oder Tacker**

1. & 2. Stühle reinigen. Rückenlehne und Sitzfläche zuschneiden. An drei Seiten steppen, wenden und die offene Seite mit der Hand zunähen.

3. Rückenlehne und Sitzfläche am Stuhlrahmen fixieren.

Retro-Tasche

NÄHEN SIE SICH AUS EINEM KULTIGEN, GUT ERHALTENEN KISSENBEZUG AUS DEN 70ER-JAHREN EINE WITZIGE RETRO-TASCHE.

1. SCHRITT Für die Henkel schneiden Sie zwei 5 cm breite Streifen vom Kissenbezug ab. Danach trennen Sie den Reißverschluss heraus.

2. SCHRITT Schneiden Sie aus dem Futterstoff zwei Streifen gleicher Größe zu. Legen Sie jeweils einen Stoff- und einen Futterstreifen rechts auf rechts aufeinander. Nun steppen Sie den Streifen an drei Seiten zusammen und wenden ihn auf rechts. Nähen Sie die Öffnung mit der Hand zu.

3. SCHRITT Schlagen Sie die Kante der Kissenhülle am offenen Rand (der späterern Taschenöffnung) rundum zweimal nach innen um und säumen sie 1 cm breit.

4. SCHRITT Die Henkel platzieren und der Zeichnung gemäß feststeppen. Steppen Sie die Nähte doppelt, damit die Henkel gut halten und belastbar sind.

Sie erhalten ein besonders apartes Ergebnis, wenn Sie die Tasche mit einem andersfarbigen Stoff füttern. Nähen Sie das Futter mit der Hand ein.

Das brauchen Sie

- **Kissenbezug aus Baumwolle mit Aufdruck im Retro-Look**
- **Stoffschere**
- **Nähgarn**
- **Futterstoff**

Adressen

BADEZIMMER

AGAPE 149
Kantstraße 149
D-10623 Berlin
Tel.: 030/36412694

AGAPE 32
Oberanger 32
D-80331 München
Tel.: 089/72637940
www.agapedesign.it
Waschtische, Badmöbel usw.

BISAZZA DEUTSCHLAND
Kantstraße 150
D-10623 Berlin
Tel.: 030/3101950
www.bisazza.com
Glasmosaik für Wand und Boden

DORNBRACHT
Köbbingser Mühle 6
D-58640 Iserlohn
Tel.: 02371/433470
www.dornbracht.com
Badeinrichtung und -design

DURAVIT
Werderstraße 36
D-78132 Hornberg
Tel.: 07833/70-0
www.duravit.de
Badmöbel und -accessoires

DUSCHOLUX
D+S Sanitärprodukte GmbH
Industriestraße 1
D-69198 Schriesheim
Tel.: 06203/102-0
www.duscholux.de
Badkonzepte, Wellness, Zubehör

GEBERIT
Theuerbachstraße 1
D-88630 Pfullendorf
Tel.: 07552/934-01
www.geberit.de
Beratung und Planung, Designbad

GERLOFF
Höhenweg 13
D-37269 Eschwege
Tel.: 05651/927792
www.gerloff.com
Badgestaltung mit Naturstein

GROHE
Zur Porta 9
D-32439 Porta Westfalica
Tel.: 0571/3989-333
www.grohe.de

HANSGROHE
Auestraße 5–9
D-77761 Schiltach
Tel.: 07836/51-0
www.hansgrohe.de

HÜPPE
Industriestraße 3
D-26158 Bad Zwischenahn
Tel.: 04403/67-0
www.hueppe.net

JÖRGER ARMATUREN- UND ACCESSOIRES-FABRIK GMBH
Seckenheimer Landstr. 270–280
D-68163 Mannheim
Tel.: 0621/41097-01
www.joerger.de

KALDEWEI
Beckumer Straße 33–35
D-59229 Ahlen
Tel.: 02382/785-0
www.kaldewei.com
Sanitärausstattung, u. a. Wannenverkleidung

KERAMIK LAUFEN AG
Wahlenstraße 46
CH-4242 Laufen
Tel.: 0041/617657575
www.laufen.ch
Designerbäder

KORALLE – SANITÄRPRODUKTE
Hollwieser Straße 45
D-32602 Vlotho
Tel.: 05733/140
www.koralle.de

NEVOBAD
Agnes-Huenninger-Straße 2–4
D-36041 Fulda
Tel.: 0661/8338-0
www.nevobad.de
Sanitäreinrichtungen und Badaccessoires

TEUCO
Industriestraße 161 c
D-50999 Köln-Rodenkirchen
Tel.: 02236/74780
www.teuco.de
Wellness, Sauna, Whirlpool

VILLEROY & BOCH
Postfach 1120
D-66688 Mettlach
Tel.: 06864/81-0
www.villeroy-boch.com
Badezimmerplanung und -einrichtungen

ZEHNDER
Almweg 34
D-77933 Lahr
Tel.: 01805/055860
Design-Wärmekörper

BAUMÄRKTE

BAUHAUS
Tel.: 0800/3905000
www.bauhaus.info

HORNBACH
Tel.: 0800/1101220
www.hornbach.de
OBI
Tel.: 1805/624624
www.obi.de

ÖKOLOGISCH NATURBAU-STOFFE
Alte Landstraße 48
D-22941 Bargteheide
Tel:. 04532-261919
www.oeko-bau-gmbh.de

PRAKTIKER
Tel.: 0800/1222122
www.praktiker.de

In den meisten Baumärkten finden Sie auch ein großes Sortiment an Künstlerbedarf

BERATUNG

BUND DEUTSCHER INNENARCHITEKTEN (BDIA)
Bundesgeschäftsstelle
Postfach 32 03 09
D-53206 Bonn
Tel.: 0228/9082940
www.bdia.de

BÖDEN

FLAGSTONE
Goethestraße 81
D-10623 Berlin
Tel.: 030/69041335

Zippelhaus 2
D-20457 Hamburg
Tel.: 040/30399898

Innere Wiener Straße 11
D-81667 München
Tel.: 089/48953882
www.flagstone.de
Natursteine, Terrakotta, Mosaike

JUNCKERS PARKETT GMBH
Heinrichstraße 169
D-40239 Düsseldorf
www.junckers.de
Massive Holzböden

JAB ANSTOETZ TEPPICHE
Postfach 70 67
D-32030 Herford-Elverdissen
www.jab.de
Teppiche

FARBE

AURO FARBE
Alte Frankfurter Straße 211
D-38122 Braunschweig
Tel: 0531-28141-0

BRILLUX
Weseler Straße 401
D-48163 Münster
Tel.: 0251-7188-0

DULUX FARBEN
ICI Lacke Farben GmbH
Postfach 940
D-40709 Hilden
Tel.: 01805/240043
(Fachberatung)
www.dulux.de

DULUX FARBEN ÖSTERREICH
Handelskai 94–96
A-1206 Wien
Tel.: 0043/1-2409010-0

ÖKO-BAUMARKT
www.oeko-baumarkt.com
Online-Baumarkt, große Auswahl an Farben, Pflegemitteln etc.

SCHÖNER-WOHNEN-FARBE
über J. D. Flügger
Postfach 740 208
22092 Hamburg
Tel.: 0180-535834437
www.schoener-wohnen-farbe.de

FLOHMÄRKTE

AUER DULT, MÜNCHEN
Mariahilfplatz
www.auerdult.de
Dreimal jährlich

BRICK LANE MARKET
Brick Lane
London E1
(U-Bahn: Liverpool Street)
Immer Sonntags: Stühle, Tische, Küchengeräte

DORTMUNDER TRÖDEL- UND SAMMELMARKT
www.westfalenhalle.de
Mehrmals im Jahr

FLOH- UND TRÖDELMARKT HAMBURG UHLENHORST
www.alstermediateam.de
Mehrmals im Jahr

PFAFFENHOFENER NACHTFLOHMARKT
www.flohmarkt-pfaffenhofen.de
Einmal jährlich im August

PORTOBELLO ROAD MARKET
Portobello Road
London W11
(U-Bahn: Notting Hill)
Freitags und samstags, Antiquitäten und Accessoires

RHEINAUEN-FLOHMARKT BONN
Feizeitpark Rheinaue
Ludwig-Erhard-Allee
D-53175 Bonn
www.bonn.de (Veranstaltungskalender)
Mehrmals im Jahr; einer der größten Flohmärkte in Deutschland

THERESIENWIESEN-FLOHMARKT, MÜNCHEN
Einmal jährlich zum Frühlingsfest (Ende April)

GARTEN

COUNTRY GARDEN
Nagolder Straße 27
D-72119 Ammerbuch
Vasen, edles Gartenzubehör

DEHNER GARTEN-CENTER
Stammhaus
Donauwörther Straße 5
D-86641 Rain
Tel.: 09090/770
www.dehner.de
mit vielen Filialen in Deutschland und Österreich

GARPA
Kiehnwiese 1
D-21039 Escheburg
www.garpa.de
Edle Gartenmöbel

GARTENCENTER SEEBAUER
Ottobrunner Straße 61
D-81737 München
Tel.: 089/683020
www.gartencenter-seebauer.de
Hochwertige Pflanzen, Gartenmöbel, Accessoires

GARTENCENTER SHOP24
www.gartencenter-shop24.de
Online-Gartencenter

HYDRO BÖTTLE
Blankeneser Chaussee 149–151
D-22869 Schenefeld
www.hydroboettle.de

PFLANZEN KÖLLE
Goteboldstraße 9
D-81247 München
Tel.: 089/8912210
www.pflanzen-koelle.de
Diverse Standorte mit mehreren Filialen

RAUSCH CLASSICS
An der Tagweide 14
D-76139 Karlsruhe
Tel.:0721-96169-0
www.rausch-classics.de
Gartenmöbel

UNOPIÙ DEUTSCHLAND
Am Dornbusch 24–26
D-64390 Erzhausen

Lilienthalallee 8
D-80939 München
Tel.: 0180-5099880
www.unopiueuropa.de
Gartenmöbel

KÜCHEN

A TAVOLA
Große Bleichen 36
D-20354 Hamburg
Tel.: 040/345628
Glas, Kristall, Porzellan

IKEA
www.ikea.de

KORNMÜLLER
Holzschachen 22
A-3351 Weistrach
Tel.: 0043/7477/42347
www.kornmueller.at
Küchen im Landhaus-, Öko- oder Designerstil

THE CONRAN SHOP
Tel.: 0044/20/75897401
www.conran.co.uk

VILLEROY & BOCH AG
Postfach 1120
D-66688 Mettlach
Tel.: 06864/810
www.villeroy-boch.com
Das Geschirr ist in vielen Fachgeschäften erhältlich

LICHT

FLOS
Elisabeth-Selbert-Straße 4a
D-40764 Langenfeld
Tel.: 02173/109370
www.flos.com

FONTANA ARTE
Alzaia Trieste 49
I-20094 Corsico
Tel.: 0039/0245121
www.fontanaarte.it
Designerlampen

INGO MAURER
Kaiserstraße 47
D-80801 München
Tel.: 089/3816060
www.ingo-maurer.net
Lampen und Lichtsysteme

VIKTOR HEIT LICHT
Linienstraße 110
D-10115 Berlin
Tel.: 030/2818768
Licht- und Möbeldesign

MÖBEL

ABOVO
Rumfordstrasse 8
D-80469 München
Tel.: 089/23236090
www.abovohome.com
Shaker-Möbel und trendige Wohnaccessoires

BÖHMLER EINRICHTUNGSHAUS
Tal 11
D-80331 München
Tel.: 089/21360
www.boehmler.de

CAR SELBSTBAUMÖBEL
Gutenbergstraße 9a
D-24558 Henstedt-Ulzburg
Tel.: 04193/75550
www.car-moebel.de
Möbel zum Selbstaufbau für alle Wohnbereiche

CASA MÖBEL
Leopoldstraße 121
D-80804 München
Tel.: 089/3604830
www.casamoebel.de
Designermöbel und -leuchten

DOMICIL
Bäuerlinshalde 48
D-88131 Lindau
Tel.: 08382/962020
Möbel für Küchen und andere Bereiche (viele Filialen in ganz Deutschland)
www.domicil.de

GERVASONI
Zona Industriale Udinese
I-33050 Pavia di Udine
Tel.: 0039/0432/656611
www.gervasoni1882.it
Qualitätsmöbel

HABITAT
Schadow Arkaden
Berliner Allee 15
D-40212 Düsseldorf
Tel.: 0211/86509-0

Neuer Wall 54
D-20354 Hamburg
Tel.: 040/357658-0

Große Elbstraße 254
D-22767 Hamburg
Tel.: 040/3576586-0

Kronprinzstraße 30
D-70173 Stuttgart
Tel.: 0711/22279-0
www.habitat.de
Möbel, Aufbewahrungsmöbel, Textilien und Accessoires für sämtliche Wohnbereiche

LIGNE ROSET
Postfach 12 30
D-79191 Gundelfingen
www.ligne-roset.de

MAISON
Poppenbeck 72
D-48329 Havixbeck
www.maison-collection.de

MUJI
Königsallee 60/62,
D-40212 Düsseldorf,
0211-8606661

Kardinal Faulhaber Str. 11
80333 München
Tel: 089-2080397-10
Aufbewahrungs- und Wohnmöbel, Büroartikel

THE IRON BED COMPANY
Hochstraße 15
D-60313 Frankfurt
Tel.: 069/1338770

Kaiser-Wilhelm-Ring 30–32
D-56672 Köln
Tel.: 0221/1392078
www.BedCompany.de

Rumfordstraße 34
D-80469 München
Tel.: 089/21949625

NAHRUNGSMITTEL

BASICS SUPERMARKT
Westenriederstraße 35
D-80331 München
Tel.: 089/2420890
www.basic.bio.de
Bio-Supermarkt mit Filialen

DALLMAYR
Dienerstraße 14–15
D-80331 München
Tel.: 0180/5006522
www.dallmayr-versand.de

FEINKOST KÄFER
Prinzregentenstraße 73
D-81675 München
Tel.: 089/4168255
www.feinkost-kaefer.de

DRESDNER MOLKEREI GEB. PFUND
Bautzner Straße 79
D-01099 Dresden
Tel.: 0351/808080
www.pfunds.de

ORGANISCH LEBEN

PANDA VERSAND
Fürther Straße 205
D-90429 Nürnberg
Tel.: 0180/58890
www.panda.de
Naturtextilien, Möbel
www.allergate.de
Onlineshop für Allergiker-Produkte

www.oekoadressen.de
Online-Branchenbuch

STOFFE

COLEFAX & FOWLER
Georgenstraße 34
D-80799 München
Tel.: 089/3399720
Stoffe, Tapeten

CULTURA DELLA TAVOLA
Greppenstraße 78
D-82239 Alling
Tel.: 08141/538995
www.cultura-della-tavola.de
Tischwäsche, Bettwäsche

JAB ANSTOETZ STOFFE
Potsdamer Straße 160
D-33719 Bielefeld
www.jab.de
Decken, Stoffe

KINNASAND
Danziger Straße 6
D-26655 Westerstede
Tel.: 04488/5160
www.kinnasand.de
Stoffe, Rollos, Teppiche

LAURA ASHLEY
Brienner Straße 10
D-80333 München
Tel.: 089/28787840
Möbel, Accessoires, Wohntextilien

NYA NORDISKA
An den Ratswiesen
D-29451 Dannenberg
Tel.: 05861/8090
www.nya.de

OSBORNE & LITTLE
26 Osiers Road
GB-London SW 18 1NH
www.osborneandlittle.com
Stoffe, Tapeten (weitere Filialen in London)

PIERRE FREY
Franz-Joseph-Straße 15–17
D-80801 München
Tel.: 089/3838640

STOFFKONTOR
Kaufmannshaus
20354 Hamburg
D-20354 Hamburg
Tel.: 040/3480606
www.stoffkontor-hamburg.de
Stoffe, Decken

WHITE FACTORY
Postfach 86 08 67
D-81635 München
Tel.: 01805/005736
www.whitefactory.de
Bett-, Tisch- und Badwäsche

TAPETEN

AS CRÉATION TAPETENSTIFTUNG
Südstraße 47
D-51645 Gummersbach
www.tapetenstiftung.de

DESIGNERS GUILD
Dreimühlenstraße 38a
D-80469 München
Tel.: 089/23756-0
www.designersguild.com
Tapeten, Farben, Stoffe

MARBURGER TAPETENFABRIK
Bertram-Schaefer-Straße 11
D-35269 Kirchheim
Tel.: 06422/81118
www.marburg.com

Register

Dank

Dies ist mein fünftes Buch, und wieder hat ein fantastisches Team dazu beigetragen, dass es entstehen konnte. Jenny Zarins und ihrer Assistentin Juliette Cockerill danke ich vielmals für die wunderbaren Fotos, Lawrence Morton für das schöne und witzige Design, Charlotte Kennedy-Chochran Patrick für ihre kreativen Ideen, Melanie Williams, Emma Heath und Tessa Brown für ihre Nähkünste, Kate Storer für weitere Illustrationen, Alison Cathie, Jane O'Shea, Helen Lewis und Lisa Pendreigh für die Unterstützung bei meinem zweiten Buch für Quadrille. Danken möchte ich auch Clare Conville, meiner klugen Agentin, Tom, Georgia und Grace Brown, Daisy Tudor, Esther-Mei Roditi Yeo, meiner Katze Bea und meinem (inzwischen verstorbenen) Hund Pippi für ihr geduldiges Posieren, Clare und John Riley, David und Katrin Cargill, Tessa Brown und Jonny White sowie Mandy Bonnell, in deren Häusern und Wohnungen ich fotografieren durfte, Colefax & Fowler für die Tapeten auf S. 45 sowie Farrow & Ball für die Tapeten und die Farbe auf S. 94.